PARENTING WITHOUT ANGER
PRACTICAL STRATEGIES TO CREATE COOPERATIVE KIDS AND HAPPY FAMILIES

不愤怒的父母
如何让孩子更合作,家庭更幸福?

[澳] 蕾尼·米尔（Renee
师冬平 译

机械工业出版社
CHINA MACHINE PRESS

Original title: Parenting without anger: Practical strategies to create cooperative kids and happy families By Renee Mill

ISBN: 9781925183948

Copyright © Renee Mill 2017

First published in 2017 by Impact Press, an imprint of Ventura Press, All rights reserved. The simplified Chinese translation rights arranged through Rightol Media（本书中文简体版权经由锐拓传媒取得 Email: copyright@rightol.com）。

本书由 Impact Press 授权机械工业出版社在中国大陆地区（不包括香港、澳门特别行政区及台湾地区）出版与发行。未经许可的出口，视为违反著作权法，将受法律制裁。

北京市版权局著作权合同登记 图字：01-2018-7890 号。

图书在版编目（CIP）数据

不愤怒的父母：如何让孩子更合作，家庭更幸福？/（澳）蕾尼·米尔（Renee Mill）著；师冬平译．—北京：机械工业出版社，2019.10（2024.4 重印）

书名原文：Parenting without anger: Practical strategies to create cooperative kids and happy families

ISBN 978-7-111-63528-4

Ⅰ.①不… Ⅱ.①蕾… ②师… Ⅲ.①家庭教育 Ⅳ.①G78

中国版本图书馆 CIP 数据核字（2019）第 185166 号

机械工业出版社（北京市百万庄大街 22 号　邮政编码 100037）
策划编辑：刘文蕾　　　责任编辑：仇俊霞
责任校对：朱继文　　　责任印制：张　博
河北环京美印刷有限公司印刷

2024 年 4 月第 1 版第 4 次印刷
165mm×235mm・15.5 印张・197 千字
标准书号：ISBN 978-7-111-63528-4
定价：59.80 元

电话服务　　　　　　　　网络服务
客服电话：010-88361066　　机 工 官 网：www.cmpbook.com
　　　　　010-88379833　　机 工 官 博：weibo.com/cmp1952
　　　　　010-68326294　　金 书 网：www.golden-book.com
封底无防伪标均为盗版　　　机工教育服务网：www.cmpedu.com

谨以此书献给我的母亲

致 谢

我想诚挚地向米利安·阿达汉（Miriam Adahan）表达我的谢意，三十多年来，她一直在启发我的思考和教学。我们的许多观念已经融为一体，我无法把它们区分开来。

许多作者也对我的思想产生了很大的影响，包括史蒂芬·柯维（Stephen Covey）、阿黛尔·法伯（Adele Faber）、伊莱恩·玛兹丽施（Elaine Mazlich）、爱德华·德奇（Edward Deci）、丹尼尔·戈尔曼（Daniel Goleman）。他们的许多理论思想都被融合进了本书中。

我也要感谢大卫·安道尔（David Andor）、伊娃·捷库（Eva Jaku）和约瑟芬·布鲁亚尔（Josephine Brouillard），他们协助我进行文字输入、校对，并在本书面世前给了我很多建议。

我也要感谢我的出版人简·库瑞（Jane Curry），是她认可我的作品，并给了我出版这本书的机会。我也要感谢她的团队，他们总是一丝不苟，随时愿意提供帮助。

对于我的私人助理、业务经理和得力助手莉萨·品托（Lisa Pinto），仅仅说一声"感谢"是不够的。她的支持、投入和对细节的把控是非常珍贵的。

在家庭方面，就像所有工作中的妻子和母亲所认识到的那样，我必须说："没有家人的支持和鼓励，我就不可能完成这本书。"我想感谢我的丈夫莱斯（Les），感谢他的爱、支持、友谊和建议，以及在我没有时间顾家的时候让这个家正常运转。我由衷地感谢我的孩子们，他们是那么美妙的人，给了我机会成为真正的母亲——我真心地希望我的知识能有益于你们。我还要把这本书献给我的母亲，感谢她赐予我生命、智慧和生存的能力。

  我还要把真挚的感谢送给我的客户。他们对我充满信任，告诉我他们的故事，使我从中获得了关于愤怒、养育、爱和治疗的洞察，这些都为本书提供了资料。我很荣幸能与你们每一个人共事。

译者序

为人父母不容易。在养育孩子的过程中，我们收获了难以言表的喜悦和幸福，但也伴随着诸多艰辛和苦恼。没有一个孩子的成长是一帆风顺的，也没有任何父母的行为是完美无瑕的。当面临养育难题时，父母常常会感到抓狂，进而对孩子产生愤怒的情绪。

如果你也在育儿的过程中经常发火，控制不了自己的愤怒情绪，那么本书就是为你而写的。

在本书中，作者根据自己30年来从事心理咨询和家庭辅导的实践经验，基于最新的脑神经科学发现和坚实的心理学研究成果，提出了一系列实用、简便、有效的愤怒管理策略和方法，可以帮助父母切实改变旧有的思维模式，使他们养成平静、理智的行为习惯，减少家庭生活中的愤怒和冲突，让养育从此变得更轻松、更快乐。

正如作者所言，只要愤怒当道，多好的教育方法也不会管用。父母需要学习管理自己的愤怒情绪，这样才能和孩子建立更亲密的亲子关系，并为孩子树立情绪管理的榜样，也会更好地培养孩子的合作精神。

那么父母要如何管理自己的愤怒呢？本书的八个部分从内容上层层递进、步步深入，手把手地教给父母如何管理愤怒，从而让父母成为更有力量、更高效的养育者。

本书第一部分，明确指出愤怒是许多父母共有的情绪，会伤害自己和家人，并解释了愤怒发生时大脑的工作原理；同时，也强调了愤怒管理是普通父母都能学会的技能，相信父母可以通过学习而改变。

第二部分，详细分析了导致父母愤怒的6种不合理的思维模式，并针对每一种思维模式所产生的信念，列举了典型的案例和情境，提供了可供操作的简便工具。

第三部分，进一步提出了让激烈情绪降温的积极的思维习惯：宽恕、同情、感恩和信任。只要父母转变心态，更多地给予孩子关爱，愤怒就会变为冷静、温和的感受。

第四部分，提供了一个实用的行为工具箱，包括6种行为工具，能帮助父母有效地对抗愤怒。经常使用这些行为工具，能让父母更平静、更有耐心。

第五部分，强调父母应该花时间照顾自己的需要。因为如果父母本身的需要得不到满足，就更容易烦躁和发脾气。父母只有在身体、情感、社交、智力和精神五个领域滋养自己，追求生活中的平衡和幸福，才能成为更快乐、更充实的养育者。

第六部分，建议父母灵活地使用各种工具和方法，并提供了一个愤怒管理表单。该表单可以帮助父母识别问题所在，从而选择恰当的工具应对愤怒。

第七部分，阐述了养育孩子最核心的一个关注点，即帮助孩子建立自尊。作者分别说明了建立自尊的三块基石：联结、掌控感和自主感，并提供了具体的方法来帮助父母提高解决问题的能力。

第八部分，论述了父母要如何教会孩子管理愤怒的技能，最终培养出平静、快乐、高效的孩子。

本书的一大特色是实用性强。书中提供了大量管理愤怒的方法和工具，对父母来说都非常具有可操作性——易学易用，能帮助父母解决育儿中遇到的多种难题，是父母手头常备的工具书。

本书的另一特色是运用了大量真实的案例。这些案例都是作者在家庭咨询中碰到的真实故事，涵盖了从初为父母的困惑到青春期孩子的养育矛盾等许多常见问题。作者既对父母面临的困境给予共情和理解，又对案例进行了深入地分析和洞察；不仅帮助父母认识到问题的根源，还帮助他们成功地解决了难题。从这些成功的案例故事中，父母能够获得信心和激励，并为自己的成长和改变赋能。

作为两个孩子的妈妈，我在翻译本书的过程中也受益匪浅，从中学习到了情绪管理的许多实用技巧，并正在付诸每日的实践。我也会时刻提醒自己，要做一个平静的"容器"，努力容纳孩子的强烈情绪，让自己成为一个更平和、更有温度的妈妈。

在业余时间翻译本书无疑占用了许多家庭时间，在此我首先要感谢我的先生欧阳韬。在本书翻译期间他承担了大部分的家庭责任，并在译稿完成后对存疑部分进行了核实和校对。我还要感谢我的两个孩子，你们是我不断成长的动力和喜悦的源泉。

最后感谢机械工业出版社的刘文蕾编辑对我的信任，让我有机会承担本书的翻译工作。虽自知离"信达雅"的要求相距甚远，仍愿能尽绵薄之力，传递原作神韵之一二。若有翻译不当之处，还望读者批评指正。

师冬平

目 录

致　谢

译者序

第一部分　认识愤怒

第 1 章　愤怒的陷阱 / 003

第 2 章　你的思维如何让你变得愤怒 / 025

第二部分　改变你的思维方式

第 3 章　引起愤怒的 6 种信念 / 035

第 4 章　信念 1："都是针对我！" / 038

第 5 章　信念 2："我的孩子无可救药了！" / 045

第 6 章　信念 3："这太糟糕了！太出格了！" / 051

第 7 章　信念 4："这就是一场灾难！" / 059

第 8 章　信念 5："我的生活应该是完美的！" / 065

第 9 章　信念 6："我太倒霉了！" / 071

第三部分　让激烈的情绪冷却下来

第 10 章　处理你的情绪 / 079

第 11 章　宽恕的艺术 / 081

第 12 章　同情的艺术 / 087

第 13 章　感恩的艺术 / 092

第 14 章　信任的艺术 / 096

04

第四部分 由外而内的改变

第 15 章　利用行为工具 / 105

05

第五部分 过平衡的生活

第 16 章　照顾好自己 / 121

第 17 章　关注你的身体需要 / 124

第 18 章　照顾你的情感需要 / 127

第 19 章　重视你的社交需要 / 131

第 20 章　满足你的智力需要 / 134

第 21 章　识别你的精神需要 / 137

06

第六部分 把这些工具应用于日常生活

第 22 章　组合学习 / 143

07

第七部分 获得合作

第 23 章　建立自尊 / 151

第 24 章　建立自尊的第一块基石：确保孩子感受到与你的联结 / 155

第 25 章　建立自尊的第二块基石：提供让孩子体验掌控感和胜任感的环境 / 164

第 26 章　建立自尊的第三块基石：允许

孩子在观点、品位和选择上有自主权 / 170

第 27 章　实施领导力 / 176

第 28 章　少说多做 / 193

第 29 章　解决问题 / 202

第 30 章　我对你的承诺 / 215

08

第八部分　传递你的智慧

第 31 章　教会孩子管理愤怒 / 221

参考文献 / 235

Background
And
Introduction

第一部分
认识愤怒

第 1 章
愤怒的陷阱

Chapter One

作为父母，我们都希望孩子快乐。理想的情况是，我们沉浸在融融的天伦之乐中，无条件地爱我们的孩子，孩子也爱我们。对吧？

对！

然而，即便我们尽力去爱孩子，往往还会事与愿违。大部分父母都是那么爱自己的孩子（这种爱实际上造成了伤害），希望竭尽所能让孩子走在正确的道路上。然而矛盾的是，许多父母说感到压力更大了，更精疲力尽了，对自己的孩子比以前感觉更加愤怒了。

我们不仅想要充满爱意的关系和快乐的孩子，也希望孩子能合作。我们会花费许多时间来学习如何快乐地与孩子相处，但在面对每天的日常事务时仍然面临着权力斗争和挑战。

承认这一点吧。在你有第一个孩子之前，你根本不会想到像按时起床、穿衣、刷牙、吃早餐、安静地坐在汽车里等日常活动会让人怒气冲冲。整理床铺、收拾玩具、把脏盘子放进水槽里和整理清洁等家务活将权力斗争带到了一个全新的水平。我猜你很难拥有幸福的、美满的家庭和举止得体的孩子。相反，你的家变成了滋生愤怒、吼叫、后果承担和惩罚的温床。

如果上面情况属实，请你不要感到孤单。我认识的成百上千的父母和你一样，也落入了愤怒的陷阱之中。就像下面这种情况：

"乔，该上学了。"

"乔，你能快点吗？该上学了！"

"乔，快点！"

"如果你不能在5分钟之内准备好，今天下午就不准看电视！"

解决办法如下：抓住，拉过来，穿衣服，仓促出门，塞进汽车里。

乔的妈妈开车送乔去上学，一路上她都在气呼呼地批评乔的坏习惯。在把乔送到学校后，乔的妈妈喝了杯咖啡放松了一下，接着升起一股内疚感：她觉得自己没能带着爱意、拥抱和亲吻让乔开始一天的生活，对此她感觉很糟糕；她为自己对儿子的一通批评而自责；她不知道该如何改变这种模式，为此感到很绝望。仅仅愤怒和惩罚并没有效果，但什么会管用呢？

愤怒让你变得愚蠢

许多找我咨询的父母都认为，相比家里的纪律问题，他们的愤怒是次要问题。父母来找我，是想找到办法"修理"自己的孩子。但你猜会发生什么？不管我教的办法有多聪明，只要愤怒当道，办法就不管用。愤怒绑架了理智的大脑，阻碍了清晰的思维和执行计划的能力。父母需要保持冷静和镇定，才能理性应对孩子的问题并产生效果。当我们愤怒的时候，就无法保持最佳沟通状态。

所以，请读者朋友不要急于翻到本书的最后部分寻找新方法。要先学会管理你的愤怒，这样才能平静地引入新方法，取得长期的成功。只有这样，你才能实现梦想，养育出快乐的孩子，创造出美满的家庭，全家人和谐地生活在一起。

本书将让你学习到：

1. 为什么愤怒具有破坏作用，以及对愤怒说"不"的必要性。

2. 大脑是如何运转的，为什么表达愤怒反而保持甚至增加了愤怒，而不是消解了愤怒。

3. 愤怒是战斗/逃跑反应的一部分，因此是对危险或者假想的危险的一种反应。

4. 管理愤怒的策略。

5. 不愤怒地获得合作的策略。

6. 帮助孩子管理愤怒的工具。

对愤怒说 "不"

虽然不同的父母表达愤怒的方式不同，但他们内心都知道，他们表达出来的愤怒对家庭所有成员来说都不是好事，更不用说对孩子了。

从我作为一名治疗师的经验来看，父母一般都不愿意与他人分享自己感到愤怒的频率或者愤怒的程度，只是偶尔在家庭生活中表达一下。为什么？因为他们感到羞耻！

> 大部分父母都隐藏了他们经常愤怒而且极为愤怒的事实——这也是为什么我决定写本书的主要原因之一。这么多年来，我意识到数不清的父母都在与愤怒的情绪做斗争。

当我意识到我能提供帮助——能真正帮助父母把自己的愤怒转变成实用的、易操作的解决办法，这是我最终决定写作这本书的额外动力。

然而，我必须强调，本书不是为虐待孩子的父母而写的，他们有经年累月的破坏性行为，需要适当的专业帮助。本书是为那些在日常生活中常常感到沮丧、疲惫和愤怒并且希望找到解决办法的普通父母而写的。

如果你不知道自己属于哪一类，请寻求有资质的专业机构进行评估。为了孩子，以及你自己，你应该这么去做！

"我就是控制不住自己！"

在我举办每周一次的女性团体活动时，我意识到了写作本书的迫切需要。这一特殊团体是由专业人士、富裕的全职妈妈以及职业女性所组成。几个月前，弗兰（化名）讲述了前一周发生的一件事，引发了当时的讨论。

弗兰告诉我们，她的一个儿子洗完澡没有关水龙头，结果水溢出来了。当她看到这个情景时，立刻"失去了控制"。弗兰描述道，她当时怒气冲冲地嚷嚷着，大声骂自己的儿子，以至于邻居叫来了保安。事实上，她当时大吼大叫的时间很长，结果保安按了好几次门铃她才听见。当她镇定下来打开门的时候，保安试探地询问是不是所有人都没事。弗兰感到很疑惑，问保安为什么过来，保安解释说，邻居担心她的孩子的安全，于是给他打电话让他过来查看一下是不是所有人都是安全的。

弗兰，这名社会工作者、妈妈，以及自己父母的照顾者，告诉女

第 1 章 愤怒的陷阱

性团体成员们,在那一刻她恨不得找个地缝钻进去。她哑口无言地站在保安面前,回想着她刚刚骂儿子的所有可怕的话,以及她对其他孩子施加的威胁。

接着她流下了眼泪,告诉了保安实情。由于一个孩子的无心之过,她就失去了控制。她对自己感到震惊,对自己的行为感到害怕。在现场她向自己以及保安承诺,她将寻求专业的帮助,以防止类似事情再次发生。

弗兰承认,她感到羞愧和悔恨,因为自己让孩子们经历了一场情绪暴力的过激反应。她希望时光能倒流,以便她能在那天重新扮演一个平静的、有爱的妈妈。弗兰寻求团体的支持,虽然她发誓以后将永远不会像那次那样失控,但她害怕自己可能会"再次犯错",因为她不知道该如何改变。

这就是弗兰感到绝望的主要原因。无论她多么清楚自己的行为是不可接受的,会给孩子们带来伤害,她都不得不承认,当感到沮丧时,她不知道如何更好地处理自己的愤怒。

另外,虽然她十分讨厌自己失去控制,也真心希望能控制住自己的情绪,但她还是感到自己的愤怒随时都可能爆发。

弗兰向团体的坦白打开了倾诉的洪水之闸。团体中的每位妈妈都承认自己经常会对孩子感到愤怒,有时达到不可接受的程度,她们也都感到无力改变。

这是在弗兰的团体中妈妈们首次敞开讨论类似的话题,但这样的讨论对我来说却不是新鲜事。从事家庭咨询工作近 30 年来,我发现,无论父母的年龄、性别、受教育程度以及社会地位如何,愤怒对大部分父母来说都是一个问题。

不管愤怒是由于童年经历引发的一个长期问题,还是由于养育孩子的压力导致的新问题，我确信，许多父母都不了解该如何管理愤怒。

愤怒的父母很常见

从事心理咨询工作的经历让我认识到，愤怒的父母非常普遍。认识到这一点让人很难过——不管是对父母还是对孩子来说，因为通常父母和孩子都会深受其害。

虽然我不想让严重虐待孩子、攻击性很强或者有严重情绪问题的父母感到他们被排除在外，但我必须让更多父母确信，当他们感到愤怒或表达愤怒时，他们并不孤单。作为父母，当你意识到自己的愤怒没有什么特别的，意识到有更多的父母和你一样在过度沮丧和压力下挣扎，你就会发现，继续前进并做出改变会更容易。

然而，父母经常会感到没有出口，没有解决办法，感到改变不了自己。是这样吗？

错了！

你能改变！有许多策略、方法和技巧能帮助你重新获得冷静。你能够成为一个比过去更好的人，更好的父母！

相信我，当你对自己的愤怒感到无能为力时，你并不孤单。当然，当你做出一些不好的行为时，你自然会感觉糟糕。当你过分地大吼大叫后，你充满自责，这是完全"正常的"。你认为没有办法消除过去的行为或者重新开始，这也是相当普遍的感受。

第1章 愤怒的陷阱

但如果我告诉你,管理愤怒是普通父母都可以学会的一种技能,正如你可以学会骑自行车或者讲一门新语言一样呢?

就像学习任何新技能一样,学习管理愤怒只需要理解管理愤怒的"基石"是什么,然后把它们付诸实践。持续不断地练习,下定决心掌握这个新技能,就这样!一个更加平静、平和的你将会出现。

你平时如何表达愤怒呢?你可能会用以下这些方式来表达愤怒:

- 遇到小小的倒霉事立刻开始生气。
- 大声吼叫,而不是平静地给予指导。
- 愤怒到大喊大叫,甚至威胁要进行身体伤害的程度。
- 避免在孩子旁边,因为你感到生气、不耐烦,或者有攻击性。
- 通过生闷气、不回应、避免眼神接触和抑制感情来表现你的被动攻击。
- 通过打孩子、拉孩子、捏孩子、拖孩子或者其他方式来表达自己的愤怒。
- 经常在吃饭时、睡觉时和进行其他家庭日常活动时发火,因为你想要完全的控制权。
- 把孩子锁在自己的房间,单独留他在家里,或者不给孩子吃晚饭,试图重新获得一些权力。
- 或者并不轻易生气,一旦生气,你就会像一颗原子弹爆炸一样。不管你的愤怒如何表现出来,管理愤怒的工具都会帮助你成为更平静的父母。

愤怒的时候大脑是如何运转的

简单来说，大脑可以分为三个部分：

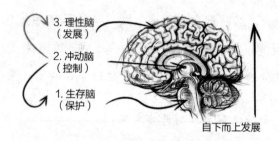

神经基础

生存脑（脑区1）的主要作用是控制呼吸和心跳，当你处于危险时，它能够向你的血管系统发送信号，将血液从大脑输送到肌肉，从消化系统输送到肌肉。这就是为什么当你愤怒的时候会有一些身体反应，比如，脸涨得通红，嗓门提高，心跳加速，想打人。这些反应都是你的身体与危险作战的自动准备。

理性脑（脑区3）负责推理、逻辑思维和解决问题。

冲动脑（脑区2）可以称之为激活转换区域。这部分大脑从你的感官那里收集信息。所有你看到的、听到的、尝到的、闻到的和摸到的一切都是通过冲动脑进行传递的。这些信息要么激活生存脑，要么激活理性脑。

当生存脑认为你身处危险时，它就会激活你的身体功能以便让你能够逃跑或者与危险作战（激活过程是从冲动脑到生存脑）。我们称之为逃跑或者战斗反应。

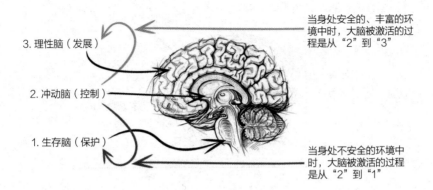

环境与神经传递的方向

也就是说,你可以通过两种方式变得安全:一种是通过逃跑,这就是典型的焦虑反应。你可以通过逃跑、规避环境或者脱离现实,从而逃脱危险;另一种是留下来,面对危险并战斗。也就是说,生气、敌意和愤怒是应对恐惧的正常反应。

这可能听起来很难接受,但事实就是这样。如果你有持续的愤怒问题,你可以从我的《远离焦虑,远离毒品》(*Anxiety Free*, *Drug Free*)一书中有所收获。这是一本自助手册,在书中你能学会如何在 90 天内控制你的愤怒情绪。治疗焦虑和治疗愤怒的过程是完全相同的。

回到大脑这里。神经生物学研究表明,当你的大脑被激活时,就会产生一个回路,每次重复被激活,这个回路就会越厚。想象一下:当你第一次感到愤怒时,原始脑的回路很细,就像一张蜘蛛网一样;当你第十次感到愤怒,大脑第十次被激活时,这个回路就变得像细绳一样;当你第二十次表达愤怒时,原始脑中的回路就像跳绳一样粗了。

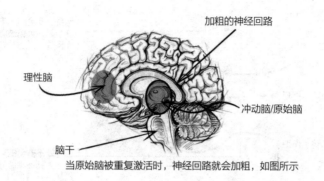

当原始脑被重复激活时,神经回路就会加粗,如图所示

大脑

这里的问题是,当一个回路变粗时,它就会自动被激活,而不需要任何外部信息来激活它。也就是说,你会经常变得易怒,因为激活已经变成了一种"习惯"。

在20世纪70年代,人们一度认为表达愤怒是件好事。心理治疗师们会说:"就让怒气发泄出来吧!"发泄,打垫子,对抗你的父母,朝他们大吼大叫……然后你就会感觉好一些?

这是大错特错的!

现在我们已经有结论性的证据表明,每一次发泄怒气的时候,你大脑中的愤怒回路就会越来越粗,让你更难放松。让愤怒发泄出来并不是消除愤怒的办法,而基于认知行为疗法(CBT)的愤怒管理策略才是解决之道。

愤怒可以是有用的

当然,有时候愤怒是你的情绪武器库中一个有用的武器。从进化的角度来讲,愤怒是面对危险时的反应,尤其是它能给你额外的力量和能量来反抗感知到的危险,或者在危机时刻让自己逃离。

比如，让我们想象这样一个场景：一个陌生人试图绑架你的孩子，你感到非常愤怒，这是恰当的，也是必要的。在这种情况下，你的愤怒将给你勇气来对抗侵犯者，并告诉他离你的孩子远点。如果有必要的话，你会发现自己有出乎意料的力量与绑架者战斗，从他的魔爪下解救出自己心爱的孩子。这是把经典的"战斗或者逃跑"的生物学反应运用到极致的表现。

然而，当父母对孩子愤怒时，激烈的生物学反应是在被不恰当地触发。不幸的是，大多数时候，当你对孩子生气时，并没有发生对他们的安全有严重威胁的事情，你的身体却被唤醒。也就是说，你并没有甄别出真正的威胁（绑架）和日常的烦恼（比如孩子不刷牙），你的不恰当的身体应激反应会导致你做出过激的、有伤害性的行为。

愤怒的层次

一般来说，愤怒包含三个层次，它们是依次发生的：

1. 第一个层次是对真正的或者感知到的威胁，做出的自动反应。一旦你学会识别最初的反应，这就是掌控和修复愤怒最容易的层次。你的最初反应可能永远都不会消失，但通过练习可以轻松地进行管理。

2. 当最初的感受没有得到管理，就可能通过破坏性行为而增强，比如批评、责骂、大吼大叫、打孩子、诅咒、侮辱甚至毁坏财产，这就演化为愤怒的第二个层次。

3. 有时候愤怒会激化，达到第三个层次，可以描述为长期的、激烈的或者经年累月的不满与愤恨。这种愤怒可能会持续多年。

我们要努力让自己避免产生这三种父母之怒，因为这三种愤怒都会削弱我们自己，让我们精疲力尽，给我们带来伤害。

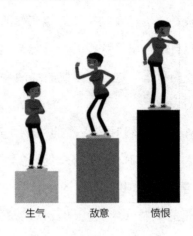

愤怒的层次

愤怒伤害所有相关的人

不恰当的愤怒不仅会伤害孩子，而且也会伤害经历愤怒和表达愤怒的人。那些有愤怒攻击性的父母常常告诉我，他们持续多日都遭受着严重的自责和悔恨情绪。

他们在愤怒反应过后常常会出现一些身体症状，比如头疼、胃疼。许多父母认为，他们遭受多年的身体不适，比如高血压、心脏病、胃痛，由于爆发愤怒而加重了。

另外，富有洞察力的父母也开始意识到，他们的敌意让他们和孩子之间的情感距离更远了，这不是他们想要的结果。子女常常会害怕他们的父母再次毫无预期地爆发愤怒。而且很不幸，愤怒很少能达到父母所期望的行为结果。

当然，研究一再表明，那些长期生活在敌意和愤怒环境中的孩子更容易退缩，因为他们感到恐惧和不安。孩子也会感到无助、失去控制，感觉很"糟糕"，因为他们感到自己总在犯错。随时都会失控的父母实际上建立了一个恐惧主导的环境——孩子在恐惧中等待下次愤怒的爆发。当生活不可预料时，孩子会把大量的心理能量用于保护自我，这就导致他们只留下较少的能量去关注更有创造力的行为，比如学习、游戏、大笑，寻找乐趣。这种状况堪比一个受到攻击的国家，大量的税收和资源被用于保护国家疆域而不是用于修建基础设施，进行更积极的社会追求。同样，一个经常遭到攻击的孩子，必须用他的资源进行自我保护，这让孩子只有很少的资源来最大限度地发挥自己的潜能。

最糟糕的是，家庭关系可能会遭到不可挽回的破裂，导致情绪负担太重，破坏父母"从此以后幸福地生活"的梦想。这个梦想中所有人都相亲相爱，父母变成快乐的祖父母，最终他们在子女的天伦之爱中变老。

> 在美国，人们常常使用"发狂"（mad）这个词，而不是"愤怒"（angry）。父母可能会说："我对你感到发狂"，而不是"我对你感到愤怒"。这是词语上一个带有启示性的转折点，因为当我们变得生气时，可能会做出不理智的行为，说出或者做出一些我们通常不会做的事情。有时候父母的愤怒很严重，以至于他们几乎不知道当时自己在说什么，过后他们可能会否认自己的过激行为。

在愤怒爆发后，有许多修复的工作需要去做，唯此才能保持彼此之间爱的关系。不管愤怒是持续发生的还是偶尔发生的，通常都会有严重的破裂，需要弥合，这需要大量的修复工作。

而且，家庭中的愤怒会破坏整个家庭系统。即使你只是对其中一个孩子发火，对某个孩子表达敌意，也会对其他家庭成员产生负面影响。其他孩子会变得沮丧，你的配偶也会受到影响，尤其是在他们认为你在当时的情况下表达敌意的程度不合适的时候。简单来说，敌意会造成家庭不和，这种影响是持续的；中伤、愠怒，或者吼叫会把家庭分裂成不同的阵营。

愤怒可能会对你和孩子的身体，甚至你的财产造成损害。有些人生气的时候会自我伤害，比如抽烟、酗酒、吸毒，甚至自残；须臾之间，财物就可能被撕坏、摔碎或者毁坏；对孩子的身体伤害，比如打、掐、捆、猛击、烫或者推孩子，这些行为明显是具有破坏性的；严重的语言虐待造成的伤害也会与日俱增。

总体来讲，愤怒对你自己，对你的孩子，对你的关系，对你的家庭，以及对你的身体都是不健康的。

愤怒的一代

虽然愤怒有如此多的负面作用，但愤怒却无处不在，我们的周围有许多暴力，包括对他人的暴力，甚至对自己的暴力。我不是一名社会人类学家，不能解释为什么社会变得这么富有攻击性，但是，我不断听到一些肯定愤怒的观点以及被信以为真的愤怒的诸多好处。

一个流传至今的谎言是"愤怒就是力量"和"愤怒会让你得到你想要的东西"。从短期看这可能是真的，也许在一些特定环境，比如在军队里确实如此。军士长用愤怒、贬低和惩罚让他的军队充满士气，使他们能打胜仗。军士长并不关心士兵是否喜欢他，或者士兵作为一个人能不能全面发展。在军队中，士兵与上级是一种单向服从的关系，他们所需要的只是一个共同的愿景，即赢得战争。

亲子关系则是完全不同的。要想让孩子发展得好，父母双方必须对孩子怀有真正的爱，与孩子建立联结。作为父母，你也需要承认并接受你的孩子有他独特的人格特质、天赋和需要。只有通过爱、支持和友善的滋养，以及得到父母引导、教诲、纪律要求、目标设定和行为规范时，孩子才能健康成长。

愤怒和敌意不能协助你实现这些真正的爱与联结的目标，这就是为什么"愤怒就是力量"是一个谎言，我们必须认清并摒弃它。通过愤怒取胜只是一个短期的胜利，随之而来的是长期的负面后果。就像减肥或者锻炼一样，没有捷径，而需要致力于每天反复的练习、调整，对自己和他人都表现出温柔和友善。

> 今天请帮自己一个忙：忘记"愤怒就是力量"，以开放的心态迎接一个更让人兴奋的观点，即"自控"才是愤怒的解决之道。

"我害怕成为一个好对付的人"

我知道许多人表现出攻击性，是因为他们害怕被别人踩在脚下。这一点儿也不奇怪，因为电影和媒体使得攻击性行为看上去有强大的吸引力甚至魅力，所以我们许多人都是这样认为的。

但我认为这是错误的想法。

变得愤怒能确保你不是一个"好对付的人"，这完全是一个谎言。是的，我知道在日常生活中有许多事情会强化这一观念，但实话说，你真的害怕自己的孩子，以至于必须对他们发火才能感到不像个懦夫吗？

你的孩子在亲子关系中拥有更少的权力，你没有理由必须让自己富有攻击性，而是要学习如何以平静、平和、令人愉快的态度获得你想要的东西。这是一项强大的个人技能，将会在生活中所有可能的领域让你保持机智的状态。

每当我问父母们最希望孩子呈现什么状态时，可以预期，他们都回答："我只想让孩子快乐。"许多父母犯的一个普遍错误是，试图成为孩子最好的朋友。这个错误是由于错误的信念引起的，即认为努力做孩子最好的朋友就会让孩子快乐。

实际上，成为孩子最好的朋友可能会使父母感觉很好，但对孩子没有太大帮助。当然，如果父母与孩子有亲密的互动关系是非常好的，而孩子需要的以及一直无意识在寻找的是指导、引导、支持以及鼓励他们走在正确的道路上。

从本质上来说，父母的主要角色是教育自己的孩子，父母应该是孩子如何度过美好、幸福人生的榜样。是的，这是一项艰巨的任务！

也许你把榜样示范的角色授权给老师、叔叔、阿姨、牧师或其他人，但老实说，这是你作为父母的工作——教孩子如何变成一个自我实现的、不断前进的人。

如果你经常对孩子感到生气，表达愤怒，或发脾气，猜猜结果会如何？你拥有快乐小孩的梦想根本不会实现，除非你控制自己，并学会转换愤怒。

教育孩子包括教给他生活中实用的情绪技能和社交技能。如果你试图用大嗓门或愤怒的语气来实现这一点，那么你所说的话几乎很少能进入孩子的大脑。为什么？因为孩子被你弄得晕头转向，正在疲于招架你怒火熊熊的语言和情绪，只能把注意力放在保护自己身上，而没有留下很多能量来注意你所说的实际内容！

> 当你平静地、尊重地、友善地教育孩子时，孩子将能吸收你想传递的信息。

"孩子好像听不进去我说的每一句话"

好吧，所以你希望孩子安静地坐在餐桌旁，得体地把盘子里的东西都吃掉。但是，不，小汤姆正在舔着桌子，摇晃着叉子，不时地跳下椅子。又来了一次……而你只是想让他坐下来好好吃饭。

你可以再次发怒，或者你也可以尝试一些不同的更聪明的做法。打一巴掌可能会管用一晚或两晚，但你猜，过段时间会怎样？你的孩子学到的所有事情就是如何避免挨打。长期打孩子也会降低孩子的自尊，会让孩子觉得暴力是可接受的行为，只要你是掌控权力的一方。

吼叫可能会在当时奏效，让你得到你想要的，但5秒钟后整个家庭都笼罩在阴郁中……你了解，餐桌上那种可怕的气氛，会让所有欢乐的家庭氛围被抛出房间，比"父母吼叫"的速度还快！

孩子变得对你的话充耳不闻，难道还奇怪吗？用羞辱的方式对待孩子可能会让他顺从地坐在餐桌旁，但造成的伤害或相应的愤怒将会短期内损害你们之间的爱。

> 转变养育方式，每天努力使用积极策略，而不是消极策略，情况会好很多。相比使用威胁或奚落的方式，可以用奖励的方式激励孩子做出更好的行为，这才真的对他们管用。记住，少用大棒，多用胡萝卜！

这看起来会花较长时间才能发挥作用，但实际上，它能立马见效，而且容易保持。另外一个好处是餐桌上的氛围更欢快、更轻松。更重要的是，你和孩子之间的爱会增加，整个过程对你和孩子来说，会成为一件自然而然的事情。

简而言之，如果努力保持冷静，你作为父母的目标就会以更有效的方式实现。优秀的教育者都知道，所有学生都是在友好、合作、尊重的氛围中学习效果最好。

更多蜜，更少醋

在生活中也许在个别情况下用军队的方式是有帮助的和必要的，比如，你的房子失火了，你必须尽快让家人从房子里撤离。在这样的危急情况下，厉声命令、坚持要求服从可能是恰当的，但对于日常生活来说，努力丢掉敌意，你会看到，生活中的所有人，包括你自己，都会获得成长。

不要寄希望于孩子来做这项工作，要从作为成人的自己开始行动，因为你是父母，你是成年人。另一方面，孩子仍在发展他们的自我意识，需要你的引导才能成长为他们可能成为的最好的成年人。

在孩子成长的过程中，父母要预想到他们会表现出比成人更少的自控力和更多激烈的情绪。他们很容易就会感到沮丧，经常突然发脾气来表达自己。这是自然的、孩子气的行为。掌握自控的能力需要多年的成长、充分的教育和榜样示范。你会注意到，在日常生活中，甚至有一些成年人都没有自控力。

无论如何，一些成人有更大的愿景，能延迟满足，并且善于忍受挫折。无论如何，我们大部分人都能提高自控力和保持内在的平和。当你是非常爱家人的父母时，你就有更多的动力去"成长"，变得平和，提供一个让孩子感到安全和被支持的环境。

当孩子吼叫，你也用吼叫去回应的时候，就会让冲突升级；当孩子吼叫，你平静地回应时，你就是在包容冲突。每个孩子都需要父母包容自己表达出来的情绪，这样才能健康地成长和发展。

> 孩子仰赖父母才能成为拥有技能的成人，孩子依靠父母展现智慧和远见。

不要逃避这个任务。你是成人，你是父母，做父母就伴随着神圣的责任，你要勇于承担这些责任。

你能从本书中获得什么

愤怒管理策略

本书的主要目的是教会你愤怒管理技能，这样你才能实施有效的养育策略。如果你之前所用的策略不怎么管用，那现在就是改变的时候了。

你能做到吗？

我这里所教的愤怒管理方法是基于坚实的科学依据的：认知行为疗法（CBT）。这一疗法已经由心理学家们研究了 30 多年，对于行为改变有显著的追踪记录。它是治疗焦虑和愤怒的黄金法则。从根本上来说，这个方法将引导你改变自己思考事物的方式，从而不会在第一时间就生气。认知行为疗法（CBT），已经证实，正是你的思考方式引起了愤怒。当你在吼叫的时候几乎不可能减少愤怒，但是当你改变看待事物的方式时，你从一开始就不会变得愤怒。

在本书的帮助下，你将学会在生气的当下改变信念，然后立刻熄灭怒火，而不是在你的敌意中火上浇油。你也会学到很有帮助的习惯，即把注意力放在积极的感受上，而不是消极的感受上。你会了解到，当积极情绪占主导时，愤怒就很难升级。即使愤怒被挑起了，用积极情绪代替消极情绪也会使之产生改变。

改变信念和改变情绪是"由内而外"的方法，这意味着通过改变某些内在的东西（你的感受和想法），就能够改变外在的行为。

本书也会教给你"由外而内"的技能。运用这些技能，你可以养成积极地思考和感受的行为习惯。这个理念就是让平静、理智的行为成为习惯，让你从一开始就不会变得有敌意。

你还会学到许多技巧和策略，让你的生活变得平衡。再强调一次，所有研究都表明，当你努力不把注意力放在生活中的问题与麻烦上，而是设法去寻找日常生活中带给你和家人欢乐的那些点点滴滴的小事时，不可思议的感受和喜悦就会出现。通过这种方式，那些沮丧和愤恨就会从你的家庭生活中被驱逐掉。在情绪和身体上滋养自己，你会发现自己的"短保险丝"整个儿都变长了，你再也不会因为陷入怨恨中而感到困扰了！

另一个你将学到的技巧是如何觉察那些你马上要"生气"的线索。通过有意识地观察你的激发状态，你就能运用更多策略把自己的愤怒转变成欢乐。

不愤怒而获得合作的方法

本书的第二部分提供了你想要的策略。再一次,我恳请你不要依赖这些策略在你生气的时候发挥作用。只有当你变得冷静并能管理你的情绪时,你才能运用它们并得到想要的结果。在养育孩子过程中策略和方法这两个部分是相辅相成的。

最新的神经生物学研究表明,基于恐惧的学习会关闭理性脑,启动生存脑,而这是你作为慈爱的父母不想看到的。你希望为孩子提供一个充满爱意的环境,运用那些可以内化和持久的策略,来促进孩子的学习和成长。

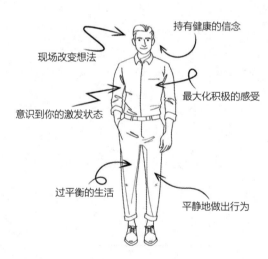

完美是不可能的

我所帮助的每一个父母都想要给他的孩子最好的。就像你一样,他们希望给孩子一个最好的人生开端。但是他们逐渐意识到,第一个绊脚石就是他们自己和他们的愤怒。所以让我们来明确一下，本书和你密切相关，关乎作为父母的你，关乎你有时会失控的愤怒。

在你准备开始读下一章时，把你所有的羞愧都丢在门口，用升起的骄傲代替它，因为你正在为你和家庭的成长迈出重要的一步。不管你感到多么被激怒，都要学会保持沉着和冷静，你会发现一个你从未想象过的能量池。最重要的是，一旦你变成一个有自控力的人——正如你最终希望孩子变成的那样，你和孩子的"谈判"就会进行得更加轻松和愉快。

祝你好运，让我们开始吧。

第 2 章
你的思维如何让你变得愤怒

Chapter Two

父母们经常告诉我，他们是忍不住才变得愤怒的。他们把愤怒归咎于多种原因，包括他们的基因、天生的脾气、他们的星座、荷尔蒙失调，或者他们自己父母很差的示范。当父母们这么归因的时候，就会困在愤怒的行为中，本质上是因为他们放弃了控制权。他们认为自己的行为超出了自己的控制范围："我就是这样""我改变不了"。

这不是真的！

我从父母们那里听到的另一个普遍的借口是他们是被孩子激怒的。"只有他发出噪声时，我才会生气；当他安静时，我不会生气。"这是一个普遍的老调重弹的借口，也是我称之为"挑衅理论"的一个典型例子。如果你归因于这个理论，你也会感到无助，感到受困，因为你再一次相信你的愤怒超出了你的控制。没有什么是你能施加影响的——这是在别人的掌控中，这是他们的"错误"。

有这样一个寓言：一个人很烦恼，因为他脑海里总是不停地出现各种不愉快的想法。他去请教一个智者，智者建议他去见一个住在森林深处的神秘人。这个受尽折磨的人照做了，他很容易就找到了神秘人在森林里的木屋。木屋很小，只有一个门，两扇窗户。

这个人敲了敲门，没有回应；他用力敲窗户，还是没有回应。他变得很愤怒，因为他明明听到屋里有人发出窸窣声。他继续敲了几个小时，最后精疲力尽地倒在地上。然后，一个老人打开了门："我知道你为什么来这里。正如我向你展示的那样，我是木屋的主人，可以选择让谁进来，什么时候进来。你要知道，你是自己思想的主人，可以选择让哪个想法进来，什么时候进来。"

重要的是要意识到你有能力控制自己的想法和情绪。你可以选择不让你的直觉、习惯、生理或别人的行为控制你，你可以选择去主导。

过去几十年来，认知行为心理学领域开展的大量研究一致表明，一个人愤怒的感受和敌意的行为是由他的信念决定的。简单来说，是在特定情境下你的想法激起了你的愤怒。

我利用 EBB FLOW 模型来解释认知行为的概念。"潮汐"（ebb and flow）是一个非常乐观的表达，因为它暗示着行为是灵活的，可以轻易、快速地改变。你在本书中学到的策略能让你做到这一点。

EBB FLOW 模型

E = 事件   B = 信念   B = 行为   F = 感受   L = 语言
O = 结果   W = 双赢

E = 事件

首先让我们看一下发生了什么。这是一个事件：小事件，中等事件，或者大事件。这是发生在你的日常生活中的任何事情。在这个场景中，事件是指一个 3 岁的小男孩在拆卸闹钟。假设他是你的儿子。

B = 信念

当你看到儿子在摆弄闹钟时,你会自动地对他的行为产生一个信念。由于这个信念会自动地、无意识地、很快地滑过你的脑海,所以你也许不会意识到这个信念。你的信念可能是积极的,也可能是消极的。比如,如果你在想,"儿子好奇地想了解世界的运转方式,多么棒啊",这个信念就是积极的;相反,如果你认为儿子在破坏东西,搞得一团糟,这个信念就是消极的。

B = 行为

你对这个事件回应的行为是由你的信念系统决定的。因此,如果你有积极的信念,认为儿子对于世界抱有健康的好奇心,你就会用友好的、接纳的方式来对待他;然而,如果你认为他的行为是在搞破坏、在胡闹,你就会用严肃的、生气的方式对待他。

F = 感受

你自动产生的信念会立刻影响你的感受。积极的信念会让你为儿子感到骄傲,而消极的信念会导致你感到生气。

L = 语言

你对事件使用的语言会极大地受到你的信念及你对这件事感受的

影响。如果你当时的反应是积极的，你真正地为儿子表现出好奇心而感到高兴，那么当你向他解释为什么拆卸闹钟没有用时，你就会用充满爱意的语言对他讲；相反，如果你的信念是消极的，你对儿子的语气就会是攻击性的，你所说的话就会很严厉。

O = 结果

一个事件的结果完全与你内在对这件事的信念相关。积极的信念能确保有一个积极的结果，孩子会享受他的活动，而你会感到平静，有爱心；消极的信念几乎总是会导致你和孩子都感到很糟糕。

W = 双赢

本书的目的是教你如何在你和孩子之间达成双赢的结果：你希望尽可能地保持平静和有爱心；而接受你的关爱和教育的孩子，也会感到很快乐，并感受到被爱。

EBB FLOW 模型的实际例子

EBB FLOW 模型的基本哲学是：生活事件本身是中性的。一个事件从本质上来说没有好坏之分（请注意，我这里谈论的不是行为。行为可能在道德意义上是有好坏之分的，而事件是中性的）。让我们用积极或消极的方式对事件做出反应的是我们归因的信念。

中性事件：孩子在玩耍。

第2章 你的思维如何让你变得愤怒

信念1：当有家庭作业要做时玩耍是不对的。

这一信念会导致消极的情绪，比如生气或恼怒。

信念2：玩耍是必要的休息。

这一信念会导致积极的情绪，比如快乐和满足。

在这个例子中，两种信念导致了两种不同的结果。如果妈妈认为放学后休息是必要的，她就会感到放松，给孩子玩耍的余地。

生气的妈妈则会认为，除非写完家庭作业，否则玩耍就是不对的。在完全相同的情境下，两个妈妈做出不同的反应。这表明，不是事件决定了结果，而是对事件反应的信念决定了事情会如何演变。

用同样的方式，我们看看下面4位妈妈对他们处于青春期的孩子做出的不同行为和反应。我们再一次看到，对本质上中性的事件的不同反应导致了完全不同的场景。

当卡伦的儿子把他的脏衣服扔得卧室地板上到处都是时，卡伦并没有感到很烦恼。她接纳自己的儿子表现得就像一个典型的14岁男孩，她相信，当他有了自己的家时，就会变得整洁一些。

伊洛娜认为女儿把脏衣服扔在地板上表明她是一个邋遢的人。她放大了这个习惯，认为这就代表了女儿的全部，于是每天对女儿大吼大叫。

另一位妈妈玛西亚则认为青春期的儿子将衣服丢到地板上就是故意要激怒她——她认为孩子的行为都是针对她的。

莱斯利是3个青春期孩子的妈妈，她接纳孩子们的邋遢，并用奖励来"交换"偶尔的整洁。

既然"地板上的衣服"是中性的，妈妈们的不同反应就可以归因为每个人所持有的不同信念。卡伦理解大部分青春期的孩子都不整洁（就像她曾经一样），常常会漫不经心地乱丢衣服。卡伦也知道，一旦成年以后，她的行为就明显变得整洁了很多。带着这些平静的想法，她心平气和地对待儿子的邋遢，只把它看成是临时现象。伊洛娜则认为女儿的不整洁是一种深深的性格缺陷。于是她每次看到女儿的脏衣服都会被激怒，经常冲女儿大吼大叫，强烈地想"改造"女儿。玛西亚常常被激怒，是因为她把儿子的不整洁看作是针对她个人的行为。而莱斯利则认为邋遢不算什么事，对此报以现实的态度。

接下来让我们看看两位非常不同的父亲，分析一下他们的信念系统：

两位运动员的父亲发现他们10岁的儿子在踢足球上没有天赋。由于菲利普热切地相信，成为一个好运动员对于男性的成功和幸福来说是必要的，所以他坚持推动儿子去争取成功。他对儿子的期望精神可嘉，但遗憾的是，这种期望不利于发挥儿子的天赋。

安东则认为每个孩子都有他自己的优势和劣势。他更愿意和儿子一起发现儿子喜欢做并可能会表现优异的其他事情。他的方法愉快地帮助儿子探索了其他课外活动，只是让儿子偶尔为了踢着玩而参加足球比赛。

足球踢得好这件事是中性的，足球踢得不好这件事也是中性的。正是他们对这件事的看法决定了自己的情绪和行为。

在上面的情境中，当你读到这些父母对于中性事件的不同反应时，你或许仍然会认为有些情况要比上述情况更难以忍受，认为在某些情况下消极情绪可能是正当的。也许你也会确信,在某些艰难的情况下,任何父母都会产生负面的想法。

下面的例子可以说明,几乎所有事件都是中性的,这真的是依赖于情境以及我们对情境的解释。

贝琳达和乔伊斯是两位妈妈,她们正在观看自己 8 岁的女儿在学校音乐会上的几百名家长和孩子面前表演。两个女孩在她们各自表演的节目中讲话都有些磕磕巴巴。

那么两位妈妈会做出什么反应呢?贝琳达感到非常骄傲,而乔伊斯感到有些丢脸。

因为贝琳达的女儿有语言障碍,从贝琳达的角度来看,她的女儿仅仅准备好在公众面前表演就已经展示出巨大的勇气和决心了。而乔伊斯的女儿表现得不好,是因为她没有预先好好练习。乔伊斯知道这一点,所以在女儿表演的时候就感到很尴尬。

表演时讲话有些磕磕巴巴是一个中性事件。如果你进入贝琳达的大脑,你会把这个事件解释为成功,在表演后你会大力赞美女儿;但如果你进入乔伊斯的大脑中,你会消极地解释这个事件,把孩子看作一个"失败者",一旦幕布落下,你就会忍不住去表达你的担心或者批评。

改变是可能的

作为一个经常感到愤怒和沮丧的人,你也许会质疑自己改变的能力。过去你可能努力过想改变,但发现很难。或者你也许在某种程度上改变了,但随着时间的推移,你又恢复了与以前相同的消极行为。

每个人都有改变的能力，包括你。明白这一点，你就能做好准备并愿意付出努力。此外要使改变持久地发生，重复是必不可少的。

为了用新的积极信念代替旧的消极信念，你需要不断地挑战自己旧有的信念，并说出在本书中学到的新的信念。仅仅阅读本书和口头说出新的信念并不能让你发生持久的变化。同样，新的行为需要一次次地重复，以至让它们成为习惯。

就像生活中所有重要的事情，比如建立关系、健身或减肥一样，都没有捷径可走。不过，你已经迈出了重要的第一步：你已经购买了这本书。既然你正在读这本书，就表明你对改变持有开放的心态。

下一步，你需要做好改变的准备，因为改变需要付出努力并伴随着风险。你要走出舒适区，尽管这可能会打乱你的生活节奏，这也意味着你会进入未知的领域，会产生恐惧和偶尔的停滞。

一旦你做好准备并愿意改变，你就能吸收本书的信息。不过，只有不断地练习和重复，你才能发现明显的变化，这将对你的生活产生积极的影响。

最初你应该期待的是迟早你能冷静下来。随着时间的流逝，你将欣喜地发现，你从一开始就不会愤怒。当你大部分时间都很平静时，你就实现了自己的目标。

要确信：改变是容易的，是可能的。

通过练习这些新的技能，你能够成为平静的、接纳的、慈爱的父母。

Turning
your
thinking around

第二部分
改变你的思维方式

第 3 章
引起愤怒的 6 种信念

Chapter Three

事件不会引起愤怒，在事件过程中产生的信念才会导致愤怒的行为。在倾听成百上千的父母抱怨他们的孩子后，我发现所有愤怒的信念都可以归纳为下面这六种类型。

1. 第一类消极的信念，我称之为**"都是针对我！"**的信念。当父母把孩子的行为看成是对自己个人的攻击时，就会产生这种信念。这种信念一般是这样表达的：**"他就喜欢挑战我的底线。"**这可以称之为**"针对化"**。

2. 第二类信念，我称之为**"我的孩子没救了！"**的信念。在这种情况下，父母把孩子的一个行为概括化，以至于对孩子整个性格的看法都是消极的。这种信念一般是这样表达的："他不可救药了！"这可以称之为**"概括化"**。

3. **"这太糟糕，太不同寻常了！"**是另一种消极的信念。持有这种信念的父母会认为孩子的行为尤其糟糕，或者认为发生在自己身上的事情比其他父母要糟糕得多。我称之为**"例外化"**。"例外"的信念可能会这样表达——"他是我所知道的最邋遢的孩子"，或者"这种事只会发生在我家"。

4. **"这是灾难。"**当父母把日常乱糟糟的情况和小小的倒霉事看成是海啸一般严重时，他就是在使用灾难型思考方式。这种信念一般会有类似这样的表达——"这个房间看起来就像是被台风袭击过"，或者"他要让我发疯了"。这可以称之为**"灾难化"**。

5. **"但是我的生活本应该是完美的！"** 这句伤感的话表明父母感到很沮丧，因为养育儿女的工作比预想的要艰难得多。"应该"一词频繁地被使用，比如**"养育孩子应该顺其自然"** 或者 **"我的孩子应该每次都听我的话"**。这可以描述为**"过度理想化"**。

6. **"我真是倒霉啊！"** 是第六种也是最后一种父母普遍存在的消极的思维方式。我称之为**"黑色思维"**，是因为这种思维把父母所有的态度都染黑了。这也意味着父母老是在想：**"接下来还会出什么乱子呢？"**

为了说明这些信念是消极的、非理性的，会引起愤怒的，现在我将它们放在同一个场景内。比如，一个3岁女孩的妈妈走进餐厅，发现孩子正在白墙上胡写乱画。她开始对孩子大吼大叫，甚至可能在盛怒之下打孩子一巴掌，如果她脑海里出现的是上面这些想法的话：

- **"她就喜欢挑战我的底线。"** 在这个例子中，妈妈认为孩子在墙上乱画是对她个人的攻击。她的结论是，她3岁的女儿故意在餐厅乱画是为了激怒她而获得快乐。这可能吗？**当然不可能！**
- 当妈妈面对孩子的调皮，认为**"这孩子不可救药了"**，就是在把胡写乱画这一行为概括为各种非具体的调皮行为，暗示着由于孩子的一次不良行为，她整个人都是坏的。这可能吗？**当然不可能！**
- 当妈妈看到孩子在墙上乱画，告诉自己"这种事只会发生在我家"时，就是认为这种情况是她家独有的，她的孩子是3岁孩子中唯一一个在墙上乱涂乱画的。这可能吗？**当然不可能！**

- 当妈妈看到白墙上的涂鸦，认为"这是灾难"时，就是典型的灾难型思维。妈妈正在使用极端的语言来描述一个很平常的现实，甚至那里根本就没有会让大部分人生气的"灾难"。这合适吗？**当然不合适！**

- **"我的房间应该在任何时候看起来都很完美"** 是过度理想化的信念在起作用的一个例子。妈妈把家庭应该有的形象理想化了，当现实与她头脑中的图像不匹配时，内心就开始挣扎。养育孩子可能一直都顺利吗？**当然不可能！**

- 当妈妈在想**"还有其他什么地方出乱子"**的时候，表示她认为每件事都是一个事故，而没有接受父母需要做许多清洁工作这一现实。这现实吗？**当然不现实！**

上面列出的每种想法都会导致愤怒，父母需要识别和挑战，需要用建设性思维来替代愤怒，从而平复情绪。

第4章
信念1:"都是针对我!"

Chapter Four

愤怒通常是由于认为特定行为是针对你个人而导致的结果。为了平复愤怒,你需要"去针对化"。

当父母认为行为是针对自己时,听起来就像下面这样:

- 她知道这会让我难过,但她还是这么做。
- 当她挑战我的底线时,她肯定觉得自己很聪明。
- 如果她尊重我的愿望,她就会按我要求的去做。
- 如果她爱我,她就不会耗费我额外的精力。
- 我认为她喜欢看到我紧张焦虑的样子。

这些表达是很常见的,你可能在和孩子相处的某些时候说过这样的话。作为父母,你是在把孩子的行为看作是成心针对你个人的,认为孩子就喜欢让你心烦意乱。更有甚者,有些父母认为孩子的这些行为是缺乏爱或者尊重的证据。仔细审视一下,我们会发现,这些想法是非理性的,只会导致毫无必要的愤怒。

为了证明我的观点,我会把上面的几句话补充完整,就好像这些话是皮特对6岁的女儿苏珊说的。爸爸和女儿几乎每天都会发生冲突,因为在爸爸看来,苏珊每天上学都慢吞吞的。皮特每天早上都以

第 4 章 信念 1："都是针对我！"

吼叫结束，由于皮特越来越公开地表达敌意，早上上学这件事变得越来越让人忧虑了。

这是怎么回事呢？好吧，让我们来澄清行为下面隐藏的信念系统：

- 她知道这会让我心烦，但她早上还是穿衣服慢吞吞的。皮特告诉自己，苏珊预谋了她的不良行为，故意磨时间。
- 当她挑战我的底线时，她肯定觉得自己很聪明。我提醒她快点，但她还是待在自己的卧室里不出来。在这个信念中，皮特认为苏珊在操控他，她在策划一种方法来激怒爸爸。
- 如果她尊重我的愿望，她就会每天按时穿好衣服。在这里，皮特把苏珊想象为"完美"女儿的反面形象。
- 如果她爱我，她就不会耗费我额外的精力去叫她、督促她了。现在苏珊的行为被解释为缺乏爱。为什么？因为在皮特看来，当你爱一个人时，你就会总是做他期望的事情，对吧？
- 我认为她喜欢看我为了让她准时上学而抓狂。苏珊不仅放肆、没有爱心，诡计多端，爱操控人，她还是一个虐待狂，欣赏着爸爸的沮丧。

这些完整的句子表明，苏珊是一个叛逆的、没有爱心的、有控制欲的策划者。难怪皮特感到愤怒。

然而，这当然不是真的。苏珊的行为只是一个 6 岁孩子做白日梦的结果。她很容易分散注意力。每天早上，当她穿衣服的时候，想象力把她带到奇异的目的地，就让她忘记了自己本来应该做的事情。她不是故意的，也不是要针对任何人，尤其不是针对她亲爱的爸爸。苏珊只是苏珊而已。

无数的孩子都是这样，苏珊不是稀有品种。像她这样的孩子需要的是提醒，而不是基于非理性信念的愤怒。对皮特来说，要帮助他更冷静地回应苏珊，就需要对他关于女儿行为的想法"去针对化"。他需要认识到她的行为不是个人攻击。

简便工具1

去针对化："我根本没有被火控雷达照射着！"

当理解了孩子的行为不是针对你之后，你就会消除愤怒。

当你选择去针对化时，听起来就像下面这样：

- 苏珊为什么要故意让她爱的爸爸有压力呢？她只不过是个孩子，还没有学会专注和设立目标。
- 这个行为不是针对我的。很明显，我不是她的关注点。
- 我的孩子只不过还是个孩子，她的行为在她这个年龄阶段是合适的。孩子生活在她自己的世界里，往往忽视了我所处的成人世界。
- 我的孩子做出那个决定是基于她自己的需要。我根本没有被火控雷达照射着（苏珊的行为并没有针对爸爸）。
- 一个6岁的孩子怎么可能知道那样会激怒我呢？她只是在玩耍，完全没有注意到我的性格类型或者需要。
- 当然，我的孩子爱我。她只是在做她自己，她的行为跟她对我的爱和依恋没有关系。

当你把想法从"苏珊知道怎样碰触我的底线"转换为"苏珊甚至都不知道我的底线是什么"时，你就从"针对化"转变为"去针对化"。这很快速，也很容易。真的很简单！你只需要简单地、理智地提醒自己，你在和一个孩子相处，这个孩子有他自己的发展日程表。

有些父母承认，他们很难接受自己不是孩子所有行为的中心这一事实。然而，从发展的角度来看，这是正常的，是非常具有适应性的表现。你要明白，最根本的一点是你的孩子会成为他自己。他们需要用自己的方式与世界互动，如果他们的每个决策都要由你的感觉来决定，他们就受到了阻碍。

去针对化 1

在一次咨询中，卡门哭着告诉我，当她给儿子亚历克斯换尿布的时候，亚历克斯踢她。她说她再也不能忍受了，现在亚历克斯要是再这么做，她就要打他的大腿了。她认为亚历克斯知道他在做什么，还喜欢看她大叫。

这是一个典型的例子，这位妈妈把 18 个月幼儿的行为看成是针对她的。实际上她认为只要她需要，宝贝儿子就能一直静静地躺着；而且儿子踢她是因为他想让妈妈疼。

很明显卡门的假设是荒唐的。任何家有幼儿的人都知道，幼儿不愿意静静地躺着，当照顾者想取下旧尿布或者换上新尿布时，幼儿大多会踢人反抗。而且，对幼儿来说，照顾者就是他所有爱、食物、关注和安全感的源头，他怎么会喜欢让照顾者难受呢？

如果卡门使用去针对化的工具来对抗她的愤怒，她就能明智地冷静下来。通过这种工具，她能够立即用下面的反信念来逗乐自己："哦，是的。对，当然。今天我 18 个月大的孩子在故意密谋让我难过，好像他很喜欢这样。"

当然，她 18 个月大的孩子不会做这样的事情。卡门可以简单地对自己说："卡门，这跟你没关系。这只是孩子本来的样子。现在你是平静的，试着变得有创意一些吧，找到让他安静地躺足够长时间的方法来改变他。"

去针对化 2

玛吉爱她的女儿，但是当 3 岁的女儿重复地问她问题时她感到很恼火。她问我如何能让女儿在汽车上自娱自乐，这样她就能在驾驶的时候安静地听音乐。玛吉的理论是，女儿是自私的，一点儿也不考虑妈妈的需要。玛吉一遍又一遍地告诉女儿，她需要安静的时间，但女儿不断忽略她的话。

难怪玛吉很生气。她把孩子不停地提问当成了对她个人的挑衅，认为孩子故意不听话。如果玛吉使用去针对化的工具来提醒自己，"我根本没有被火控雷达照射着（女儿并没有故意捣乱）。她只不过是在做一个 3 岁小孩该做的事情！我很幸运她的行为是如此正常"，那么她就能够表现得更有耐心。

如果玛吉能接受女儿是典型的爱提问的 3 岁孩子，她渴望学习，对他人的希望或需要几乎没有概念，那么当女儿下次在车上问她问题时，她就会感觉少一些敌意。

玛吉也可以尝试用不同的方法来得到她想要的东西，同时教会孩子妥协的艺术。妈妈和女儿可以商量好，女儿问三个问题，然后妈妈拍手——这个信号表示接下来是 10 分钟的音乐时间；然后妈妈再拍手，辛迪接着问问题……然后妈妈再拍手……

去针对化 3

卡尔下班回到家感到精疲力尽。他发现 4 岁的儿子很吵闹，每天都让他感到烦躁。他认为儿子制造噪音是为了求关注，他威胁儿子说

第 4 章 信念 1："都是针对我！"

如果他不安静点，自己就不陪他了。卡尔咨询我该如何让儿子闭嘴。

卡尔是一个高大的男人，嗓门很大，我可以想象他的儿子跟他是一样的。我向卡尔指出，许多孩子都很吵闹，精力充沛，无拘无束，这是很正常的。

当我跟卡尔说这种吵闹可能是基因的缘故时，他微笑着表示明白了，然后放松下来。卡尔现在的任务是找到一种非惩罚的方式教儿子在恰当的时候保持安静。我建议，卡尔需要在下班回家后就陪儿子。孩子等待了一整天，终于见到了爸爸，需要爸爸的关注。有些孩子比其他孩子需要更多的时间和关注，卡尔的儿子可能就是其中之一。既然关注是基本需求，一个关爱孩子的父亲就要给孩子关注，我肯定地告诉了卡尔这一点。一旦儿子对"爸爸时间"的渴求得到满足，就会在以后变得更加合作。

我的另一个建议是，我和卡尔一起找一些方法来帮助卡尔和儿子都安静下来。然后卡尔发明了一个游戏，用一种好玩的方式来让儿子学习变得安静或者更安静。

> 总体来说，孩子的行为都是跟发展阶段同步"起舞"的，而大部分时间你甚至都不在舞场上！

孩子不会故意用行为来伤害父母或让父母难过。让父母难过，伤害或者激怒父母，孩子从中得不到任何乐趣。诚实地说，他们一点儿也不会！事实正好相反。就像大部分正常人一样，孩子认为冲突让人不愉快，他们更愿得到父母的赞许和关爱。所以丢掉那些针对化的想法吧，你会发现许多愤怒都烟消云散了。

不要担心，我并不是准许孩子为所欲为。你希望达到的目标是拥有理性看待孩子行为的能力。最终，你能发现有效的策略来帮助孩子在积极的、没有愤怒的环境中成长。

> **😊 尝试一下**
>
> 　　下次当你变得生气时，停下来问问自己："这个行为是针对我的吗？"你会发现99%都跟你无关，而与之相关的是孩子的年龄、情绪、关注和需要。告诉自己"这个行为不是针对我的。"然后问问自己："对我来说，找到促进改变的方法很重要吗？还是不用去管它？"不管你做出什么样的决定，你和孩子都会感到满意。

第 5 章
信念 2:"我的孩子无可救药了!"

Chapter Five

当你消极地评价一个行为,然后把这个行为扩展到孩子整个人身上时,就经常会产生愤怒。这种信念被称为"概括化",抗衡的工具可称之为"积极的整体观"。

父母经常说一些概括化的语言,就像下面这些:

- 他一直行为不端。
- 他是一个放肆的男孩。
- 他真的是"可怕的 2 岁"的缩影。
- 为什么他总是弄得一团糟呢?
- 他学到一点东西了吗?

沮丧的父母每天都脱口而出这些话。你也可能说过这些话,并认为它们是对的。凯文是 2 岁孩子迈克尔的父亲,他提供了一个场景,我们可以检验一下这些话语的准确性。

当儿子把玩具丢到客厅地板上的时候,凯文就会很恼火。他会从厨房走出来,叫迈克尔过来收拾玩具,但是只有当凯文走到迈克尔跟前朝他吼叫时,迈克尔才会开始收拾。

通过把这个场景中的每个句子补充完整,许多不正确的信念就显而易见了。

- 他真是不可救药了,因为当我发出指示的时候他不遵从我。凯文告诉自己迈克尔在所有方面都不可救药,因为那天下午他的孩子没有立刻按照他说的去做。
- 他是一个放肆的男孩,因为当我让他收拾东西的时候他拒绝了。在这个信念下,凯文认为迈克尔天性粗鲁,难以管教,或者早熟。
- 他真的是"可怕的2岁"的缩影。在这里凯文把这一刻板印象应用到迈克尔身上,而没有在那一刻将迈克尔视为一个独特的个体。
- 为什么他总是弄得一团糟呢?但他在日托中心或者奶奶家的时候很整洁。这里凯文实际上自相矛盾,因为"总是"意味着每一次,而他又承认在其他情况下,或者在不同的场合,迈克尔是整洁的。
- 他学到一点东西了吗?我已经不止一次地告诉他玩完之后要收拾,他又忘记了。现在迈尔克的行为让人焦虑,因为他是一个缓慢的学习者,还没有养成玩完之后收拾的习惯。

当把这些信念补充成为完整的句子并放在一个场景中时,很容易就能看出它们是多么富有煽动性。迈克尔被描绘成一个不可救药的、放肆的、一团糟的、可能很笨的孩子。总的来看,所有这些描述都是不正确的。对迈克尔更准确的描述是:他是一个典型的2岁的孩子,对混乱毫无概念。就像所有2岁的孩子一样,迈尔克在玩耍的时候,专注于此时此地。当他转换注意力时,他就接着去玩别的,而忘记玩具在他身后造成的混乱。实际上,对迈克尔而言,爸爸眼中的"混乱"根本不是混乱，只不过是他在自由时间玩的玩具而已。

而且，在迈克尔的年龄，说"不"是尝试自主、向遇到的阻碍显示自己力量的表现。拒绝做某事既不是放肆也不是调皮，而只是迈克尔在确认他有力量说"不"，而这是在他的发展阶段典型的行为。

如果凯文认识到儿子的行为完全跟年龄相符，他就会平静下来。如果凯文把注意力放在为儿子提供指导和引导上，直到迈克尔能自己承担收拾玩具的责任，凯文就会感觉好一些。朝迈克尔大吼大叫并不能教会他如何负责任。吼叫会让孩子感到震惊和困惑。在他这个年龄，由于恐惧，他在不理解或者没有学习的情况下，可能不会去做他被告知的任何事情。

相比把迈克尔归类为一个难以管教的孩子来说，如果凯文能采取积极的整体观，他的感受会好很多。

简便工具 2

积极的整体观："不能仅凭一次性事件就给孩子定性"

积极的整体观是指从事物的方方面面来看全局，在整体上从积极的角度来评价。

这并不意味着掩盖消极的行为，也不意味着忽视性格的缺陷。相反，这意味着你在脑海中对孩子持有积极的整体观，能让你不带愤怒地纠正错误行为。当你认为孩子是一个失败者或者彻头彻尾的失败者时，你就更容易感到生气，而这会限制你恰当地解决问题。

相信孩子从整体上是好的，具体地描述你不喜欢什么，这对养育非常有帮助。用语言来描述，积极的整体观听起来像下面这样：

- 一个方面混乱并不代表我的孩子就是混乱的。在收拾玩具方面他是混乱的，但总体来说他是整洁的。
- 今天他做得不太好，但大部分时间他做得很好。
- 在家时他调皮捣蛋，但在其他地方没有。所以我需要注意到他行为的变化，而不是用刻板印象来定义他。
- 孩子探测父母的底线很正常。所以这不是坏的行为，而是健康的发展，需要一些指导。
- 他学习数学没有动力，但对于体育和音乐却很认真。

孩子是复杂的人

孩子并不完美，而是一个多维度的人，孩子也不是一直可以预期的，就像成人一样。真的！他们每天都在成长和学习，需要培养自主性，他们还不是能负责任的成人。他们依赖父母教给他们关于生活的知识，在这个过程中会犯错，会有混乱。

当孩子犯错时，并不意味着他们就是混乱的人，也不意味着他们将永远如此。如果他们同样的错误犯了十来次，那也是正常的。甚至成人亦如此。

当孩子今天不听你的话，不要用一刀切的论断打击他，而是要确切地描述当时发生了什么。也许只是现在比利没有在听，或者这个月苏珊问了许多问题，或者最近杰克比较脏乱……当孩子2岁的时候，所有这些行为都是正常的。如果孩子在日托中心是整洁的，但在家不整洁，可能他还没有在不同的地点和情境下把这个概念内化于心。记住，他迟早都能学会的。

这些都不是陈词滥调。孩子需要时间来学习、经历不同的阶段、质疑和坚持他们的自主性。孩子反复无常，可能在这儿整洁，在那儿混乱。这一切都是正常的，我们要接纳这一点并把关注点放在教育孩子上，而不是对孩子发火上。不要去假设他们应该怎样，而是要去引导他们学习更多的技能。请拥抱你内心那个耐心的父母!

积极的整体观 1

露丝是 10 岁男孩亚当的妈妈,她来向我咨询,因为她担心自己的儿子变成不良少年。她告诉我,亚当在课堂上表现出不良行为,他的老师频繁地给她打电话抱怨。露丝试图惩罚亚当,虽然惩罚真的很严厉,但没有用。她希望我能提出一些合适的建议来"修理"他。当我探询地问这些行为发生在什么时候(以及在哪里)时,她感到很惊讶。

当露丝开始讲述的时候,她意识到亚当只是在这个老师的课堂上捣乱,并且今年才发生这样的事。这让她用不同的眼光看待亚当,她认为值得去找出究竟在亚当和这位老师之间发生了什么。

以上是一个明显的例子,说明"概括化"如何能引起愤怒,这反过来又会如何阻碍一个人直接思考。不过当露丝开始使用"积极的整体观"工具的时候,她对儿子的感觉变得好多了,并能够建设性地讨论可能的解决方案。

积极的整体观 2

约拿是 3 岁男孩艾萨克的父亲。他觉得艾萨克不喜欢他,认为儿子正在疏远他。结果他希望通过妻子和艾萨克长时间的互动,使艾萨克最终对他友好。当我问到细节的时候,约拿告诉我,当他要给艾萨克洗澡的时候,艾萨克让他"走开"。从这件事上,约拿认为儿子不喜欢他。

可怜的约拿有一颗敏感的心,很容易受伤。由于儿子更喜欢让妈妈给他洗澡,约拿就把这件事概括化,认为艾萨克根本不想和他待在一起。

当我们回顾艾萨克喜欢跟约拿待在一起的其他活动时，很明显他们的关系从整体观来看是积极的。比如，当约拿为儿子读书的时候，父子之间在一起度过了愉快的时光。这鼓励约拿花更多时间和艾萨克待在一起，参与更多的亲子活动，等待艾萨克洗澡时的不情愿消失。

积极的整体观3

梅很抓狂，因为她的儿子汤姆不喜欢学习学校的功课。她问我该如何强制儿子学习，她担心他将来不能养活自己。

当她描述汤姆的日常生活时，很明显，汤姆在音乐方面很有活力和热情。这帮梅转变了原来"汤姆很懒，没有抱负"的想法，而认为汤姆"在他喜欢的领域，比如在音乐方面，很投入和专注"。另外，这也让梅洞察到，她应该如何帮助汤姆将他的热情发展成为职业，这极大地减少了她的恐慌。

学校不是孩子能取得成功的唯一的地方，有些人，比如汤姆，也许在其他地方会做得更好。当梅对汤姆的能力和职业道德观都持有积极的整体观时，她就能放松并帮助儿子实现他的潜能。

总之，孩子是复杂的个体。有表现好的时候，也有表现不好的时候；有容易养育的阶段，也有难以管教的阶段；有积极的也有消极的性格特征。他们是不完美的人，就像你一样——远远不是"完全坏的"或者"永远坏的"。

☺ 尝试一下

下次当你变得愤怒时，停下来问问自己："我的孩子整体都坏吗？"很快你就会意识到，可能只是你不喜欢他的某个特定行为。或者今天他不在最佳状态，但一般来说他是一个正常的、可爱的孩子。

当你专注于整体观时，诸如"孩子是怪兽、失败者"或"不可救药的人"等吓人的想法就会消失。相反，你会意识到，虽然他可能在某个时刻表现得脾气坏或难管教，但总的来说，孩子有许多积极的特点。

第6章
信念3:"这太糟糕了!太出格了!"

Chapter Six

当你的内在信念认为发生之事是例外时,愤怒几乎总会接踵而至。当你利用"这很平常"这个工具时,你的愤怒就会减轻。

"例外"的信念可能会像下面这样表达出来:

- 他是我所知道的最不合作的孩子。
- 这样的事只会在我家里才发生。
- 其他妈妈不会像我一样吃这么多苦。
- 我的孩子居然做出这样的事,我感到很羞愧,不敢告诉我的朋友。
- 我的家是整个社区最不整洁的。

上面每个信念都暗示着,你在用特别消极的方式生活,这导致了自怨自艾和敌意。当然,这不是真的,正如我们在下面的例子中看到的那样,当由上面这些句子推断出自然结论时,这一点就很明显。

费尔南德斯4岁了,吃饭挑食,他的妈妈玛利亚在吃饭时间总会抓狂。玛利亚为了让儿子吃饭,一般都不得不去请求、劝诱,甚至最终对费尔南德斯吼叫。如果玛利亚把她的信念句子补充完整,听起来就像是下面这样:

- 他是我所知道的最不合作的孩子。所有其他孩子的妈妈叫他们坐下吃饭时,他们都会听话。玛利亚是在告诉自己,其他4岁的孩子都会像成人那样坐下吃饭,而她的儿子不一样。
- 这样的事只会在我家里才发生,在其他家里肯定不会发生。在这种情况下,玛利亚是在告诉自己,她失去了控制权,而其他父母都能设法让孩子遵从他们。
- 其他妈妈不会像我一样吃这么多苦。我敢打赌其他4岁孩子的妈妈在吃饭时间不会抓狂。这种把自己例外化的思维方式激怒了玛利亚,因为她实际上认为其他妈妈在吃饭时间都很愉快。
- 我的孩子居然做出这样的事,我感到很羞愧,不敢告诉我的朋友。因为我做得这么差,而我的儿子比其他男孩都差,他们会看不起我,甚至可能拒绝和我们做朋友。可怜的玛利亚担心,如果她向朋友承认她家里吃饭时的真相,她和儿子会被排斥。她坚信,她家的状况要比其他人家里的状况糟糕很多。
- 其他父母都很轻松,而我却如此痛苦。可能我被一个邪恶的男孩诅咒了。此时,玛利亚为自己的不幸感到难过,因为儿子不合作的行为而不喜欢他了。

把玛利亚的这些信念补充完整可以看出,相比相同年龄的其他男孩,费尔南德斯是另类的、更坏的甚至邪恶的。这些信念也暗示着,费尔南德斯造成了妈妈的艰难处境,远远超过其他幸运的妈妈所承受的。而且,不像其他能干的妈妈为自己的成就感到自豪,玛利亚认为自己作为母亲是个"失败者",这是她感到羞愧的源头。难怪玛利亚在吃饭时会大发雷霆,她和儿子的声誉已经岌岌可危了。

第6章 信念3："这太糟糕了！太出格了！"

实际上，相比其他和费尔南德斯同龄的孩子的妈妈，玛利亚的情况没有更糟糕。4岁的孩子不愿坐下来好好吃饭，这一点众所周知。他们更愿意在追跑中吃些小甜点，更喜欢快餐食品的多样化。吃饭时间对于大部分小孩子的父母来说都是令人苦恼的，而耐心、激励和条理性是最有效的策略。

为了不带愤怒地实施这些策略，玛利亚要告诉自己"这是发生在全世界数不清父母身上的普通事情"，这样对她是有帮助的。

简便工具3

正常化："这样的事发生在每个人身上！"

当你认为生活尤其艰难，或者你的房间混乱不堪时，就会感到无助和愤怒。当你认为孩子在所有同龄人中是不良行为最多的，你自然也会感到生气。"例外化"的思维方式会导致你感到孤单、被误解、不知所措和怨恨。

> 意识到孩子的行为是普遍的，是与年龄相符的；你家发生的事情是非例外化的，不是特别的。这有助于你减少愤怒。

当你选择将小事看作平常事件时，你的思维方式就会改变，就像下面这些陈述：

- 坐在餐桌前吃饭是成人的行为，是许多孩子不喜欢的方式。我需要慢慢地教孩子如何做到这一点。
- 成百上千的孩子都挑食。如果做些调查，就会发现如何处理这个问题。我不需要重新找方法。
- 有这么多育儿书是为父母写的，原因是很多父母像我一样在挣扎。为什么我认为自己是特殊的呢？

- 我的孩子有他自己的口味和偏好，就像我一样。这让他看起来相当正常。
- 妈妈团体真的很有帮助，因为我听到其他妈妈也在挣扎，意识到本质上我们都是一样的。
- 除非有医生、老师或者其他健康专家告诉我，我的孩子不正常，否则我不会下这样的结论。

记住：如果有的话，也是极少数孩子经常行为不合常规，也只有极少数父母确实不会遭受挫折和绝望。作为父母或者孩子，成为家庭的一分子，一般都会遇到各种情景和跌宕起伏的情绪。要对这些有预期！

如果你真的认为你的孩子"不正常"，可以先和其他家长核实一下，看看是不是他们的孩子在同样的年龄阶段也有同样的表现——通常你会发现孩子们有大量相似的行为。

如果你即使在和其他家长交谈之后，仍然为孩子感到焦虑，那么可以咨询一下专家，他会给你指导。典型的还是非典型的？正常的还是非正常的？你会惊讶地看到，专家能够很快地评估孩子的行为。过去多年来，科学研究已经对孩子的不同发展阶段进行了透彻的分析，因此，你的孩子在普通人群中的位置通常都可以被评估和客观地测量出来。

除此之外，要让你的孩子做不成熟的、不受拘束的、正在发展的自我，而不是诉诸负面标签。当你给予孩子接纳的积极氛围时，他将成为一个适应性良好的人。

第6章 信念3:"这太糟糕了!太出格了!"

正常化 1

理查德是一名数学教授,他自己在专注力上不曾有过一点儿问题。他注意到,当他给8岁的儿子读书时,儿子有时会走神,所以他来找我咨询做诊断。理查德认为自己的儿子一定是患有注意力缺陷多动障碍(ADHD)。

理查德是这类父母的典型代表,他看到自己不熟悉的行为,立即就为该行为贴上病理学标签。仅仅因为自己有杰出的专注力,就认为其他人在专注力方面有问题。后来专家用科学方法测量了他儿子的注意力水平,结果证明他孩子的注意力完全在正常的行为范围内。

理查德的评估是不现实的。他要求孩子跟他一样专注,这给孩子施加了巨大的压力。一旦理查德意识到儿子的注意力水平非常正常,只不过不像他本人那么好,他就能放下自己的评判和恐惧,鼓励儿子根据自己的能力来学习。

简单来说,理查德需要相信,每个人都拥有不同的专注能力。他本人也看到,当儿子被接纳和鼓励,而不是被烦扰时,成长得很好。

正常化 2

萨米在日托中心咬伤了两个孩子,他的妈妈伊丽莎白为此忧心忡忡,感到羞愧。伊丽莎白要求老师不要把这件事告诉任何人,并考虑把萨米带离日托中心。她在从日托中心回家的路上,训诫萨米不要再咬人了。内心深处,她感到内疚和自责,担心萨米可能还会咬人。

伊丽莎白害怕萨米有重大问题,认为大声、强制性地讲道理能治好这个问题。同时，她也很生气，因为萨米暴露了她是一个不好的、忽视孩子的妈妈，也因为自己"自私地"去上班而感到愤怒。最重要的是，她感到孤单，陷入困境，因为她不能与任何人分享这个秘密。难怪她的愤怒水平如此之高。

如果伊丽莎白和日托中心的工作人员谈一谈，他们会告诉她，这个年龄段的孩子咬小伙伴是很正常的，那么伊丽莎白会更安心、更平静，也不会那么生气；如果她发现很多孩子的父母一周都要工作几天，她根本不是典型的职场妈妈，她也会感觉好很多。得知自己和孩子都是正常的，伊丽莎白便能平静地教育孩子在日托中心不要咬小伙伴。

正常化 3

乔纳森和妻子桑德拉对于如何养育他们的孩子有很多争执。在一次咨询中，乔纳森强调，就像人们所说的那样，他们夫妻是如此不同："我们看待事物的方式完全不同，我们是我所知道的最不相似的夫妻。我们的朋友似乎都有亲密的婚姻关系，在所有事情上都能达成一致，而我们会为了每一件小事而争吵。"

他们夫妻俩与其他夫妻完全不同的这个信念侵蚀了乔纳森和桑德拉的婚姻。他们认为彼此如此不同，永远不能在养育方法上达成一致，这一信念削弱了他们合作的能力。在我们继续讨论策略前，重要的是让他们的关系正常化。

我指出，我还从来没有碰到过在所有事情上都想法相同的夫妻。很明显，夫妻会有不同的经历，因为他们有不同的性格、不同的背景、不同的养育经验等。我向他们保证，如果他们将彼此的差异看作是正常的，专注于他们共同的目标，即关心孩子的身心健康，他们就

第 6 章　信念 3："这太糟糕了！太出格了！"

能够成功地合作。

所有的行为、事件和情景都可以被看作是一个连续体，大部分情况下这些困扰我们的事件都是在"正常范围"内，即使乔纳森和桑德拉对于如何养育孩子有完全不同的观点。相反，他们的冲突在许多关系中都是非常典型的！

同样，一个孩子的不良行为通常也没有你认为的那样坏。在成长的过程中，孩子们发泄情绪，弄得一团糟，常常不遵从父母的意愿——这是孩子发展过程的一部分。

你的儿子或者女儿特别顽固、调皮或者放肆，这是很正常的。即使成人也会发泄情绪，弄得一团糟，不遵从好的建议。这是因为"生活就是如此"。所以简而言之，放下你严厉的评判，让你的愤怒消失。

不过，行为是在正常范围内，并不意味着行为就不应该被纠正。你的目标是不带愤怒或恐惧地看待行为，这将提升你找到合适的行为干预方法的能力。

> **☺ 尝试一下**
>
> 下次当你生气的时候，停下来问问自己："这个行为是在正常范围内吗？"如果你不确定，可以做一些调查。在你假定这是最糟的行为之前，询问一下朋友、老师、医生、心理专家或者专业治疗师对于这一行为的看法。十有八九你会发现，这一行为是普通的，是和年龄发展相匹配的。
>
> 告诉自己："这一行为是正常的。"然后问问自己："对我来说，这件事足够重要，以至于需要我找到改变的方法吗？或者我是不是应该忽略它？"不管你的决定是什么，你和孩子都会从你平静的处理方式中获益。

注意　当孩子的行为已经超出了统计学和下图钟形曲线描绘的正常范围时，就不要使用这一工具了。

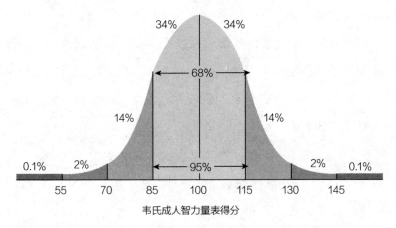

韦氏成人智力量表得分

正如图中钟形曲线所描绘的那样，在正常范围的两端，有5%是在正常范围参数以外。所以，每100个孩子中大约有5个孩子在两个极端，比如智商。

然而，如果一个专家使用可靠、有效的测量工具对孩子的特定行为进行测量，发现孩子是在正常范围之外，那么你认为孩子是例外的判断，就是正确的。

这时考虑"我的孩子的行为不正常"是合适的。但你如果用一个新的信念，比如"这对于同龄的孩子来说是正常的行为"来对抗你的思考，那就是愚蠢的。

简单来说，如果专家说孩子的行为是不正常的，那么很可能就是如此。建议你去做行为上的纠正。但亲爱的家长们，在大部分时候我们孩子的行为都是非常正常的。

第 7 章
信念 4："这就是一场灾难！"

Chapter Seven

当父母将日常的混乱和不幸都看作海啸一般严重时，就是在使用灾难型思维，这会导致愤怒。客观地看待情况能极大地减少挫折感和敌意。

灾难型思维通常有下面这样的表达：

- 这个房间看起来就像被龙卷风袭击过一样。
- 我的神经要崩溃了。
- 我头疼欲裂，快要死了！
- 你要引起洪水了。
- 如果你单独行动的话，你可能会被强奸，然后不得不流产，这会让你的生活一团糟。

灾难型语言和灾难型思维的使用在我们的文化中很普遍，难怪你也会使用它们。当你告诉自己灾难就要发生时，你的身体就会转换到"战斗或者逃跑"的本能反应以便来拯救你。肾上腺素急速增加会引起重大的生理变化，引发与实际情况不匹配的愤怒和焦虑。

为了阐释灾难型信念有多么不现实，我会把前面的每个句子进行扩充，好像它们所说的都与伊芙 14 岁的女儿丽贝卡有关。实际上伊芙每天都会爆发，寻求足够大的惩罚来迫使丽贝卡的行为表现得更好。

当每个句子被扩充的时候，夸张就变得十分清楚了。

- 这个房间看起来就像被龙卷风袭击过一样。看看这些散落在地板上的衣服。伊芙只注意到了地板上的衣服，而没有注意到整理过的床铺和整洁的书桌。她的描述暗示着"到处都是残骸，损失高达上千美元"。

- 我的神经要崩溃了。如果再让我看到你房间乱糟糟的，我就会陷入深深的绝望，没法和你友好相处。我不能应对这种混乱，我快被折磨疯了！当这样咆哮的时候，伊芙就是在告诉丽贝卡，自己处理不了地板上简单的混乱，结果将遭受巨大的精神疾病。

- 我头疼欲裂，快要死了！我不是在忍受日常的冲突，而是在忍受你带给我的痛苦，这可能会致我于死地。在这里，伊芙是在告诉丽贝卡，她就是引起自己极度痛苦且最终杀死自己的那个人。

- 如果你不看着浴缸里的水灌满，你就会引发一场洪水。现在丽贝卡在本质上被认为是不可靠的，为了扭转一场灾难，伊芙必须保持警惕。

- 如果你单独行动的话，你将会被强奸，然后不得不流产，这会让你的生活一团糟。不仅在家里的生活是令人恐惧的（如果丽贝卡不服从的话，所有可能的灾难将会发生），而且外面的世界更糟糕。丽贝卡希望独立的行为遭到阻碍，伊芙正处于一种想象所有可能的灾难型场景的状态中。

可怜的伊芙生活在恐惧的世界里。每一次混乱，每一次疼痛，每一个小事故，都成为引起恐惧的原因。可怜的丽贝卡忍受着这一切，因为在伊芙的脑海中，只有丽贝卡举止得体，才能避免这些灾难。

难怪伊芙对丽贝卡大发脾气！伊芙这样的女性急切地想要控制一切，让生活"按照计划"来运行。日常生活让她精疲力尽，因为生活

第 7 章 信念 4："这就是一场灾难！"

中总会出岔子。但难道不是所有人都这样吗？另外，她希望青春期女儿的行为要看上去能规避所有可能的风险，因而她处于极大的压力下。

如果伊芙可以给丽贝卡一些具体的指导，教导女儿对自己的行为和生活负责任，而不是无休止地预测厄运，将会更有帮助。伊芙需要帮助，下面的这些认知工具就可以提供有力的帮助。

简便工具 4

合理洞察："这个事件不会危及生命！"

当你把一件事看作灾难的时候，你的身体就会自动进入"战斗或逃跑"的反应模式。你的思想和身体是紧密相连的，所以当你的嘴里说出"海啸"的时候，你的大脑听到的是"危险"，你的身体在求生的过程中就会被激发起来。

既然在日常生活中大部分事情都不是真正的灾难，那么对你和孩子来说，大部分时间都处于高度紧绷的状态是不健康的，也是不必要的。

因此，要区分出真正的灾难和寻常的小事就很关键。区分的方法是问自己："在从 1 到 10 的量表上，这件事危及生命的程度如何？"你会惊奇地发现，几乎所有你日常挣扎的事情级别都是 1 或者 2（7 以下的所有事情都可以称为小事）。

危机生命	一点也不	1	2	3	4	5	6	7	8	9	10	危机生命
						现实检验						

进行现实检验会让我们重新思考生活中的麻烦事。当你把一件事看作小事时，你就能保持冷静，不会被激怒。你的想法就会像下面这样：

- 这个混乱不是灾难,"因为龙卷风没有袭击这里"。这是孩子们留下的正常的混乱,需要的是整理,而不是夸张化。
- 我感到很累,精疲力尽,不愿意再去收拾整理了。不过,我可以应对这件事,需要想想在未来如何储备能量。
- 头疼是很正常的,没有症状表明这次头疼是致命的。就像大部分头疼一样,这一次也将会过去。
- 要让浴缸里灌满水需要很长时间,而且,水溢出来弄湿过道上的地毯需要的时间更长。实际上让房子被水淹没需要好几个小时,需要上千升水。因此,在造成太大破坏之前,几乎不可能注意不到水溢出来。既然这是一个低风险的场景,我如何帮助女儿专心看着不让浴缸里的水溢出来呢?
- 我不想让女儿单独出行,即使统计数字表明风险是非常小的。如果我只是坚定地表明我不愿让她单独出行,这对我们两人都是有帮助的。

不要灾难化,而是准确地描述你看到的场景,你就会保持平静。同时,获取统计数据和做调查,有助于你用现实的方式来看待这个世界。另外,可以利用现实检验评级来客观地评估遇到的事情,你会惊奇地发现,从自己制造的戏剧效果转向宁静有多么简单。

阻止你采取这一简单步骤的也许是你对戏剧效果的欣赏。许多父母向我承认,平静的生活看起来太无趣了,而把生活戏剧化制造了肾上腺素的急剧上升和激动。请放心:从长远来看,当你保持平静,有洞察力地看待生活时,你和孩子都将获益。

合理洞察 1

约书亚告诉我,他不能忍受任何脏乱,如果有一个稍微脏一点的

第7章 信念4:"这就是一场灾难!"

盘子放在洗碗机里,他就会发怒。他的妻子曾因为这件事威胁要离开他,孩子们看到他在家里时吓得瑟瑟发抖。约书亚意识到,如果他继续这样下去的话,他可能失去他的整个家庭,所以他来寻求我的帮助。

对约书亚和他的家庭来说,幸运的是,掌控了问题主导权的约书亚,愿意尝试解决这个问题。他现在明白,在生活中,一个有残渣的盘子不能成为生活事件的统治者。但在过去,他的表现好像这会危及生命那么严重。

合理洞察2

根据妻子的说法,希尔顿是一个疑心病患者。在希尔顿看来,每一次疼痛都很严重,都会引起担忧。在他们有孩子之前,他的妻子不太介意,但现在她感到他对身体感觉的过度恐惧正在阻碍孩子们去探索世界。每当孩子们摔倒,希尔顿都想催促他们去急救中心,以防他们摔断了骨头。为了防止孩子们摔倒,希尔顿密切地看护着他们,每次他认为孩子们的行为有受伤的风险时,就会冲他们大吼大叫。

从长远来看,如果希尔顿对自己的恐惧进行审视,并学会合理地看待他的身体感觉,将会对他很有帮助。这也会极大地帮助他的孩子们。

合理洞察3

洛娜总是在赶时间。当她早上带孩子们去上学的时候,一路上都在催促他们,即使时间很充足;当她带孩子们去购物时,她也会吼叫着让他们上车,吼叫着让他们下车;如果孩子们在浴缸里多待了几分钟，她就会提高嗓门。只要是她认为孩子没有按照计划行事，她就会随时大吼。

洛娜让每件事都变成了紧急事件，孩子们感到一直被催促，被抨击。结果洛娜处于高度压力之下，这一行为对她并没有益处；这也给孩子们带来了压力，影响了他们对日常生活的享受。

一旦洛娜明白不是每一件事都是火车撞击事故，她就能开始分析什么是真正的"紧急事件"，什么不是。当洛娜这样做的时候，她意识到在日常情境中几乎没有什么真正的危险——大部分时候她所经历的只是日常规划的延迟而已，她开始放松下来。准时对洛娜来说很重要，现在她温柔地督促孩子们按时间表来行事，从而每个人都从洛娜的努力中获益。

简单来说，生活中很少有灾难的事情发生。虽然生活确实有"最后期限"，但这些都极少是紧急情况。孩子们会搞得一团糟，虽然给他们收拾是一项辛苦的工作，但这不会造成任何重大灾难。同样，大部分身体症状，比如头疼、胃疼、擦伤、流血等都不是惊恐的理由。

> ☺ **尝试一下** ●●●●●●●●
>
> 　　下次当你感到生气的时候，停下来问问自己："这件事是危及生命的吗？"你会承认，99%的情况下这件事都只是一个日常小麻烦，而远远不是担忧的理由。
> 　　告诉自己："这只是生活中的一件小事而已。"然后问自己："对我来说，找到一个改变的方法很重要吗？还是我应该忽略它？"不管你采取什么路线，你和孩子都会发展得更好。

第 8 章
信念 5："我的生活应该是完美的！"

Chapter Eight

这种哀叹是过度理想化思维的缩影，会导致愤怒，因为父母将在育儿现实中感到失望、受骗和沮丧。利用现实主义这一工具将有助于驱散这种愤怒。

当父母过度理想化的时候，经常会使用"应该"一词，常见的表达如下：

- 养育孩子应该顺其自然。
- 每次我说的时候孩子都应该听话。
- 每个年龄段都有不同的挑战，但是为什么挑战持续这么长时间呢？
- 对孩子和父母来说，睡眠不应该成为一个问题，婴儿必须从一开始就学会睡觉。
- 我认为孩子应该像我一样精通音乐。

简单来说，父母通常用理想化的方式来看待亲子关系。难怪当了解到为人父母需要繁重的体力劳动、高要求的情感工作和许多适应性工作时，他们都感到震惊。难怪父母对孩子感到愤怒，因为他们感觉被剥夺了想象的权利。

如果从上面的句子中提取出每句话的意图，将会说明在日常场景中愤怒是怎样产生的。我确信你会在某些场景中找到自己的影子。

大詹姆斯是小詹姆斯的父亲，他感到很绝望，因为他认为生活没有按照计划在进行。小詹姆斯5岁了，患有鼻炎，结果导致鼻塞、睡眠呼吸暂停、打鼾、听力下降、脾气暴躁。每天早上吃早饭时，大詹姆斯都会指责小詹姆斯让他整晚都睡不好觉。

在大詹姆斯和小詹姆斯的场景中把上面的句子补充完整，失望就变得很明显。

- 养育孩子应该顺其自然。大詹姆斯表达的不切实际的观点是：当他是一个没有医学经验的音乐家时，他应该自然而然地知道如何应对孩子的慢性疾病。

- 每次我说的时候孩子都应该听话。带着这个要求，大詹姆斯表达的不切实际的愿望是：他应该只需要批评儿子一次，儿子就能立即改变，满足父亲的愿望。

- 每个年龄段都有不同的挑战，但是为什么挑战持续这么长时间呢？当这样哀叹的时候，大詹姆斯很伤心，因为发展意味着不同的阶段会带来不同的要求，他只想让儿子的行为像成年人一样，不给他添乱。

- 对孩子和父母来说，睡眠不应该成为一个问题，婴儿必须从一开始就学会睡觉。在这里，大詹姆斯为他儿子用了这么长时间成长而感到绝望，因为他无知地认为，育儿是短期的，期望儿子到5岁时就能行为举止完全得体。

- 我认为孩子应该像我一样精通音乐。哦，失望正是由于小詹姆斯是他自己，有他自己的天赋，与他的父亲完全不同。现在大詹姆斯惊讶，惊讶使他不得不调整期望，这样才能与儿子的真实情况相匹配。

从上面这些句子来看，大詹姆斯是愤怒而伤心的。因为他认为儿子应该是顺从的，就像成年人一样，是健康的，与父亲有同样的兴趣。当发现他的孩子是一个独立的、有需要的、身体不健康的、不成熟的个体时，他是多么沮丧啊。

大詹姆斯原来抱着幻想，认为孩子应该轻松地涉足他的生活，现在他必须面对完全不同的现实。难怪大詹姆斯感到被生活捉弄了，为儿子破坏了他的美梦而生气。

同时，作为一个小男孩，可怜的小詹姆斯正在为健康而挣扎、忍受着。他也想睡一个整宿觉，他不知道如何像成年人那样行动。小詹姆斯不是一个特例，许多孩子在长大的过程中都要与各种问题作斗争。这就是生活，这构成了发展。大詹姆斯对儿子生气不仅于事无补，而且对儿子来说太严厉了。对大詹姆斯来说，最重要的是进行自我成长，意识到孩子会生病，他的精力要用于帮助孩子恢复健康上，这样会有帮助得多。

简便工具5

现实主义："生活充满了困难"

生活本来就是充满挣扎的，我们每天都会遇到各种挑战，采取这种现实的态度，我们就会在减少愤怒的道路上前进很多。与其把你对生活的愤怒发泄到倒霉的孩子身上，不如运用你的能量找到一种豁达的方式来看待发生的事情。

现实主义听起来就像下面这样：

- 生活中的每个角色都需要训练和灵活性。如果我变换一个新的职业，我很可能会碰到一些困难，直到我适应。为什么变成父母就会不同呢？

- 如果我说一次，孩子就能马上听进去并遵从，我当然很高兴。但是，在我遵从一个要求之前必须被提醒，这对我来说是很正常的。换成孩子就不正常了吗？

- 孩子出生时是无助的婴儿，需要保护和帮助来恰当地发展自己。如果孩子出生时就像一个成熟的成年人，可能会很好，但很明显这是不可能的，如果那样的话童年就不存在了。

- 舒适是一种欲望而非需要。我希望每天晚上都能睡一个好觉，但不可能一直这样，我可以渡过难关。作为成年人和抚养人，我要关注孩子的健康，而不是自己的舒适。

- 我的梦想是和儿子一起演奏音乐，我俩志同道合。现实情况是他有自己的基因，就像成百上千万的孩子一样，他与他的父亲是不同的。

当你把思维从"生活应该是我梦想的样子"转换到"让我面对我的现实并找出解决之道"的时候，你就从过度理想化的思维转变为现实的思维。当你接纳现实并发展出灵活的思维时，你会发现解决日常问题要容易得多。

这么多年来，我遇到过很多家长，他们不想丢弃这个童话。他们寸步不让，继续对他们的孩子不友好，经常破坏他们的亲密关系。成为父母并照顾孩子不总是那么容易，当面对这一现实时，从长远来看，最大的收获是你和孩子之间建立有意义的联结。谁不想要这个结果呢？

第 8 章　信念 5："我的生活应该是完美的！"

现实主义 1

莫瑞斯抱怨在家里他感觉自己像个局外人。他说孩子们不信任他，更愿意让妈妈陪他们去参加体育运动。莫瑞斯告诉我，当孩子们小的时候，他对他们没有耐心，感到他们破坏了他的体育生涯。不过，他梦想着当孩子们长大时他可以享受亲情。悲哀的是，孩子们现在长大了，但他们对莫瑞斯很冷漠。

莫瑞斯是一个父亲对养育孩子抱有不切实际想法的典型例子。他认为他的职业是最重要的，孩子们对他的成功是一个潜在的威胁。他天真地幻想着有一天他能够以他的方式和孩子们开始一段关系，想象着只要他准备好了，孩子们也会愿意并准备好。不幸的是，由于他在孩子们小的时候常常对他们发火，一点儿也没有耐心，他和孩子们的关系没有打好基础，现在孩子们都很疏远他。

现实主义 2

伯尼斯是一个打扮入时的妈妈，她喜欢让家里看上去一直都很漂亮。她有卓越的品位，在打理自己和家居环境方面投入了许多努力。但她不知道有了一个小婴儿会毁掉她的身材，还常常会弄脏她的衣服，后来又把她的客厅搞得一团糟。她来找我咨询，希望找到办法让孩子更干净整洁，了解到这不可能后她感到很尴尬。

成为小婴儿的妈妈后，可怜的伯尼斯完全处在了她的舒适区之外。她需要转变事情的优先等级，找到有创意的办法，既能让房间保持整洁，又能为孩子提供一个温暖的家。当然她对审美的需求是正当的，但有孩子在身边仍然期望保持原来的高水准，就是不切实际的了。

现实主义 3

西蒙娜有一个浪漫的想法，即她和儿子会一直都特别亲密。当儿子成为一个青少年，更喜欢和他的朋友们在一起时，她就感到不高兴了。当儿子交了一个女朋友，很少再和妈妈交流时，她感到震惊又难过。

像西蒙娜这样梦想和孩子可以并且也将一直保持亲密的父母，并不在少数。像她这样相信"男孩尤其跟妈妈亲密"这种童话的人，也并不在少数。因此，当她儿子的首要关注点变成女朋友，把女朋友视为知己时，她震惊又难过，是可以理解的。

我从成年儿子的妈妈那里听到过许多类似的故事，西蒙娜的儿子的行为是非常有代表性的。实际上这表明他已经形成自己的个性，准备好走向下一个发展阶段。如果西蒙娜生气的话，只能将儿子推得更远。她最好的选择是和儿子的女朋友做朋友，陪伴儿子的时候保持乐观而阳光。

总的来说，生活不是童话；相反，生活的路上常常包含着挑战、困难和不舒适。养儿育女不容易并不是孩子的错误，把愤怒发泄到孩子身上是不恰当的。对你来说，更恰当的做法是努力接受生活本来的样子，拥抱你所拥有的事物。

请不要感到灰心丧气。生活不是童话并不意味着生活就是惨淡的。相反，当你学会处理现实，并善于把柠檬变成柠檬汽水时，你就会体会到巨大的满足感。

😊 尝试一下

下次当你感到愤怒时，停下来问问自己："谁说这应该是不同的？"当你接受所发生的事情，并把握你所拥有的，你就会变得强大。

告诉自己："生活充满了困难，完美并不存在。"然后问问自己："这种情况对我来说是否足够重要，以至于需要我找到改变的办法吗？或者我应该忽略它？"不管你的决定是什么，你和孩子都会获得成长。

第9章
信念6:"我太倒霉了!"

Chapter Nine

黑色思维会让育儿的所有方面都染上黑色,结果导致愤怒。当你认为日常琐事都是折磨,生活是不公平的,充满了艰辛的时候,你就会产生怨恨。黑色思维一般是这样表述的:

- 没有人告诉我做父母会这么难。
- 我一想晚饭要做什么就烦躁。
- 家务活是世界上最枯燥的工作。
- 我现在过的日子是多么糟糕啊!
- 父母这项工作是吃力不讨好的。

当你仔细听这些句子时,你会发现,为人父母好像是一种糟糕的体验,会导致怨恨。即使你没有公开地表达出来,你自己很可能也有同样的想法。进一步分析这些句子会表明,这些想法是多么过分,而且毫无益处。

琳恩是4个孩子的妈妈,她是这类思维的一个鲜活例子,日常生活在折磨着她。她一天中最糟糕的时间是下午5点到8点,几乎每天她都在大喊、尖叫或者发泄中结束。

把她的想法进行分析时,可以明显看出为什么这些想法会导致愤怒。

- 没有人告诉我做父母会这么难。哪里有手册？我怎么知道该做什么呢？琳恩告诉自己，做父母是一个专业，应该受到训练。她认为，对她这样没有受训过的家长来说太难了，她希望有一个专家可以一步一步地指导她，给她所有的答案。

- 我一想到晚饭要做什么就烦透了。我希望育儿工作可以结束，那么生活就会轻松一些，我就不需要计划、购物、做饭——就像我是一个孩子时那样。琳恩把做晚饭看作是一项主要的军事化操作，她讨厌生活需要不断的计划和行动这一事实。她渴望成为孩子，被人照顾。

- 家务活是世界上最枯燥的工作。如果我是一个艺术家，我可能整天都有创意，会掏钱雇人来做这种枯燥的事情。琳恩为自己感到难过，因为她想让每天的生活都激动人心并充满刺激，付钱让别人来做她认为吃力的杂务。

- 我现在过的日子是多么糟糕啊！洗衣机坏了，一个孩子咳嗽，成堆的家务要去完成。琳恩家有4个孩子，她确实比较忙碌。然而她痛恨自己的时间被需求占满，她把一个需求看作另一个需求的叠加，这让她产生心烦和悲伤的感觉。

- 父母这项工作是吃力不讨好的。至少当我有一份真正的工作时，我会收到报酬，并得到认可。琳恩感到很沮丧，因为孩子和丈夫都不认可她的努力，如果每周或者甚至最好是每天都能得到认可，她将会非常感激。

以上的完整句子表明琳恩为自己感到难过，因为她不得不去应对没完没了的、枯燥的日常家务和挑战，而没有任何奖励或感激。她看不到其中的意义，希望这一切都远离自己。由于在一天结束时对她的需求达到了顶峰，她的空虚和沮丧导致她对孩子们变得愤怒。

在琳恩那个年代有许多同龄人与她有同样的感觉。她们看不到面对没完没了的家务的意义，渴望着轻松和受到认可。她们在日常的互动中看不到积极的因素，渴望刺激和乐趣。

在一天结束时，琳恩的孩子们都会试图在诸如洗澡、写家庭作业和吃晚饭这些事上讨价还价，这让他们遭受了妈妈的池鱼之殃。孩子们需要的是条理性和支持，需要琳恩为他们做出乐观生活的榜样。如果琳恩把困难看作学习经验和成长的机会，她就会感觉好多了。

简便工具6

学习经验："每一个挑战都是一次成长的机会"

当你把生活看作没有目的的无休止的挣扎时，你将会感到绝望；当你选择把每一次挣扎都看作是提升自己和成长的机会时，你就会感到积极和乐观，甚至快乐。

乐观型思维听起来就像下面这样：

- 由于某些未知的原因，对我来说，生活就是这样安排的，没有耕耘，就没有收获。如果我想保持身材健美，我就必须努力锻炼；如果我想获得个人成长，我就必须与日常事务作斗争。
- 这个孩子被赐予了我，是为了我能学习成为一个更慈爱的人，这是一件好事。
- 兴奋有许多不同的来源，专注于个人成长就是其中之一，而且这是我可以一直掌控的。
- 我原来以为我认识自己，但自从有了孩子，我发现了关于自己的更多方面。比如，我发现我会因为一件相对不重要的小事而发火。自我觉察是改变的第一步。

- 我可以选择将每一个困难都看作是正常的，将它们看作是一个发现的旅程。我学会了用新的视角看待问题，为了解决问题而练习新的行为。

要离开熟悉的"自怜姿态"，转而拥抱"学习经验"的远见，总是会面临挑战的。拥抱学习经验，意味着不管外部压力是什么，都要为自己的情绪承担责任并付诸实践。许多成年人陷入自怜中，因为这是熟悉的舒适区。

那些选择将每个挑战都视为机会，从而了解自己的优势和劣势的父母会发现，他们能更轻松地应对困难。这是因为他们现在的关注点是自己，而不是外部事件。

这意味着他们能致力于改变自己，这在他们的掌控之中；而不是抱怨外部环境，因为那是在他们的掌控之外的。这种赋能的感觉带来了价值感，同时个人改变带来的成长会产生持续的满足感。

学习经验 1

奥尔加在一次咨询中崩溃了，她坦白，如果她知道余生都要做晚饭，她就不会结婚了。她为自己感到难过，对做晚饭感到愤愤不平。据我所知，到目前为止这对她来说仍然是一个问题。

奥尔加是一个典型的例子。她发现条理性和责任是非常具有挑战性的，这是属于她的困难。奥尔加要么选择利用困难来提高她的组织能力，要么陷入原来的毫无益处的习惯。从这一点来说，奥尔加陷入了不愉快的"非舒适区"。

学习经验 2

罗杰脾气暴躁,没有耐心。周日对家人来说尤其痛苦。当孩子们穿衣服、上车,或者选择吃什么东西时,他忍受不了等待。他一直都这样容易发怒,令人不悦,直到有一天他意识到他和孩子们的关系是令人痛苦的。

现在罗杰愿意对自己的情绪承担责任,希望变得更平静和慈爱。很快他调整了自己的思想和情绪。他也能看出来,孩子们在平静、有爱的氛围中是如何发展与成长的。

而且,他与日俱增的耐心让他在其他关系中也有收获:比如工作上和团队成员、和他的父母的关系都得到了改善。罗杰从内心感激他的孩子们,他们为他提供了个人成长的动力。

学习经验 3

曼弗雷德从小就是被当成"男子汉"那样的男人来抚养的,他很少看到他父亲承担养育角色或者家庭角色。他认为这没有问题,并幸运地找到了一位在这方面与他互补的妻子。不幸的是,他妻子有几个月时间不能照顾他们的新生儿。曼弗雷德陷入了一个他完全没有准备好的角色,他感到恐惧、愤怒和排斥。

当曼弗雷德第一次找我咨询时,他抱怨上帝,抱怨生活,抱怨他糟糕的处境。他寻找一切可能的方法让自己摆脱自认为不可忍受的处境。

在几次咨询之后,他以开放的心态接受了这个现实,即他可以利用这些困难,发现自己女性气质的一面。这不是一件轻松的事儿,但随着时间的推移，曼弗雷德告诉我说他感到自己越来越完整了。

老实说，生活充满了挑战，这些挑战既可以被看作"糟糕的"或者"不公平的"的遭遇，也可以换个角度把它们看成个人成长的机会。孩子通常是把挑战运送到你门前的"交通工具"，对他们表示愤怒对你们所有人都没有好处。

孩子有他们独特的性格，可以成为你的老师，帮助你在个人成长和情感发展方面达到更高的高度。

再一次强调，这并不意味着孩子可以做出不可接受的行为。如果孩子出现不可接受的行为，必须用冷静、理智的方式来处理，这样成功的可能性最大。当你把事件看作成长的机会，你就能做到冷静应对了。

> ☺ **尝试一下**
>
> 下次当你变得生气时，停下来问问自己："在这个时刻我可以对自己有哪些了解？"
>
> 当你把关注点从外部带给你的不舒服转移到你能提升哪些情绪技能时，你就会感受到巨大的喜悦。告诉自己："这种不舒服是一种学习经验，每一个挑战都是一次成长的机会。因此挑战是好的，不是糟糕的！"
>
> 然后问问自己："这件事对我来说是否足够重要，以至于需要我找到方法促进孩子改变？还是我应该忽略它，仅仅关注我的个人成长？"不管你的决定是什么，对你和孩子都是有益处的。

结论

愤怒是由于你的信念导致的，而非外部事件。记住是你的想法引发了愤怒。通过改变自己的信念，你就是在利用"由内而外"的方法防止愤怒。如果你的信念没有问题，你就不会感到愤怒，而是会感到平静。

Cooling
your
heated emotions

第三部分
让激烈的情绪冷却下来

PARENTING without ANGER

RENEE MILL

第 10 章
处理你的情绪

Chapter Ten

前面的内容帮助我们理解了如何转变思维方式,这样我们从一开始就不会变得愤怒,而会变得谨慎,在关口处卡住我们的爆发性反应。但是,总会有那么一些时候,虽然我们有良好的意愿,但仍然感到很生气,当场就需要一些策略来阻止或者逆转愤怒。本章内容将告诉你如何把激烈的情绪转变为冷静的、温和的、不那么愤怒的感受。

实践练习

首先,要意识到你一次只能感受一种情绪。现在花一分钟关注你心脏周围的区域,即我们称之为**心间**的区域,位于你心脏周围的胸部。

专注于你的呼吸,想象你正从心脏处开始呼吸,做 5 次长长的、充满肺的呼吸。现在回想一个你和孩子之间充满爱意的时刻,感受你体验到的爱,然后让它充满你的心间。当你重温这个时刻,感受到对孩子充满爱意时,你会注意到爱的感觉感受起来是多么好,除了爱的感觉,在你的心间已经没有地方放置其他事物了。

当然,当你有这种感受的时候,就没有空间来放置愤怒、恼火或者不耐烦了。记住这一点,当下次你感到自己出现愤怒反应的时候,就让爱的记忆涌进来。你越多地关注你对孩子的爱,并提醒自己那些你们共同度过的爱的时刻，你的愤怒就越容易快速地消失。重复地、坚定地这样做，你就会发现，自己更难变得愤怒或者保持愤怒——而更容易栖居在充满爱的地方。

现在让我们进一步来看看如何让愤怒最小化。具体来说，让我们仔细看看是什么让自己愤怒，然后让自己后悔。通常，有四种延伸的感受会激发父母的愤怒，具体如下：

1. **我有权利感到愤怒并怨恨，因为我被孩子的行为激怒了。**在这种情形下，父母感到保持愤怒的感觉是正当的，应对的方法就是学会宽恕。我们需要让自己的愤怒变得正当吗？学会让所谓的正当随风而去吧！

2. **我要在接下来的一段时间内收回我的爱，给孩子一个教训。**在这里父母想要报复，补救措施就是唤起自己的同情心。想给孩子一个教训？还是以身示范什么是无私吧！

3. **我痛恨所有这些繁重的工作，我希望我的生活能有所不同。**这一情形是由于对做父母所承担的工作产生不满的感觉，但是，学会感恩会转变这种心态。受够了父母的责任？提醒自己积极的一面吧！

4. **我很害怕孩子一直和我作对。我如何能使他变得更好呢？**在这种情况下，父母对未来充满恐惧，如果能学会信任孩子有成长和自愈的能力，将会受益多多。害怕孩子达不到期望？对孩子多一些信任吧！

第11章
宽恕的艺术

Chapter Eleven

"我有权利感到愤怒并怨恨,因为我被激怒了!"

这是那些认为保持愤怒感觉是正当的父母对愤怒较典型的表达。父母很容易会感到受伤、被冒犯和被冤枉,尤其是当孩子长大一点时,孩子的表现可能是非常苛刻、自私、粗鲁的。如果孩子说出下面这样的句子,父母怎么能不感到受伤呢?

- 你好凶!我恨你!
- 简的妈妈比你好多了,我希望你不是我妈妈。
- 为什么戴维的爸爸开那么大一辆车,而你却没有呢?
- 这饭难吃死了!
- 你知道什么呀!我的老师不是那么说的。

当孩子出现以下一种或者多种情形的时候,你同样可能感到失望、被背叛和伤心:

- 你4岁的孩子在你妹妹的婚礼上,拒绝走进教堂。
- 你8岁的孩子在不停地打断你一个重要的电话,即使你已经向他解释了这个电话是多么重要。

- 你的女婿不让你抱刚出生的小外孙。
- 即使你的后背在疼，你的青春期女儿也不帮你整理房间。
- 你的儿子不愿意临时照顾小孩子，因为他想去朋友家。

以上这些情形都不会让你感觉良好或者有爱心，如果你变得忧虑和愤怒也是可以理解的。但是，你也可以选择宽恕。宽恕是一个动词，是你主动去做一些事情，我保证这能让你立刻感觉好一些。宽恕孩子天生的孩子气，你就能自然地享受平静的状态，这会让你公平而客观地对待冒犯你的孩子。

人们经常问我："难道我没有权利感到愤怒吗？"我说："问题不在于你是否有权利感到愤怒。你当然有权利感到沮丧和生气，但是这样做对你和孩子有什么帮助呢？"如果你想要获得内心的平静，更喜欢与不完美的家人和谐地生活在一起，那么你就需要找到一种完全不同的沟通方式。我提供的方式是宽恕。

宽恕不是忘记所发生的事情，或者愚蠢地让自己一遍又一遍地受到同样的伤害。宽恕意味着保持机敏和自我保护，释放内心的怒火，我称之为"嘴里的苦味"。

宽恕来源于给孩子在证据不足的情况下被假定为无罪的权利。这听起来就像"他在运用自己现有条件尽力而为。"

更具体一点，听起来像下面这些表达：

- 作为4岁的孩子，他已经尽自己所能在合作了。
- 他只是一个孩子，不知道我对他的话有多么敏感。
- 他还不成熟，意识不到他的行为会产生什么影响。
- 他是一个精力充沛的男孩，现在还无法安静地坐在高档餐厅里。

为什么我应该宽恕伤害我的人？

像其他许多人一样，你可能在与宽恕这个概念做斗争。有些父母认为宽恕是一个宗教的或者灵性的概念，而他们感到自己与宗教或者灵性方面没有关联。但是我认为，任何人都可以彰显他们宽恕的能力，不管他们的宗教信仰是什么。

有些父母误以为，宽恕只关乎被愤怒伤害的人，因此就在进行该积极行动时逡巡不前，比如宽恕使他们感到受伤的人。但实际上，宽恕更多的是关乎发脾气并毁了自己的健康和日常生活的人——这个人正是你。

有能力宽恕，可以帮助你让生活继续前进而不是陷入泥潭。这是选择从不同角度看待事物，而不给其他任何人主宰你的生活质量的权力。

既然你是一个人，你就是不完美的，周围也都是不完美的人。如果你把注意力放在所有对你不公平的事情上，你就不会拥有一个快乐的人生。任何关系要生存甚至发展，宽恕都是必需的。致力于宽恕不仅有助于改进亲子关系，还能从许多不同的方面改变你的生活。

当你宽恕某人的时候，你就是在从根本上给一个人"疑罪从无"的权利。你在说："孩子在运用自己现有的条件尽力而为。"现有的条件包括基因池、背景、认知能力、社会适应力、成熟程度、洞察力、情绪和身体状态，以及物质手段。

当你对孩子怀有怨恨的时候，你就是在表示他本来可以做出不同的行为，应该负责任。相反，当你认为孩子"疑罪从无"的时候，表示你是在接受一个现实——如果他可以做出不同的行为，他也会做的，他的错误是由于他的局限（顺便说一句，你对自己的错误宽恕得越多，在生活中你就更容易宽恕别人）。

让我们看一下宽恕是如何在现实生活中发挥作用的，重新看看孩子们通常对父母说出的伤害性语言：

孩子："你好凶！我恨你！"

父母：他只有3岁，对食用色素的危险一无所知。所以当我告诉他不能吃棒棒糖时，他认为我很凶，因为我剥夺了在他看来是乐趣的东西。他只不过说了一个3岁孩子会脱口而出的话，我会原谅他，但是也要教他懂得将来像那样讲话是不可接受的。我也会向他解释食用色素的知识，希望过几年他能明白这个道理。

孩子："简的妈妈比你好多了，我希望你不是我妈妈。"

父母：每个青少年都会经历不喜欢自己的妈妈，而希望拥有一个不同的妈妈的阶段。我原谅他，因为他还是一个青少年。我要让这件事过去，保持我的自尊。我将提醒自己，我是他的妈妈，我正在尽我所能，即使他现在认识不到这一点。

孩子："为什么戴维的爸爸开那么大一辆车，而你买不起呢？"

父母：孩子们通常都争强好胜，对物质方面有所觉察。他们一般对"贫穷"和"富有"的内涵没有概念，他们没有债务、赊购或者攀比的概念，所以不会珍视我关于储蓄的道德观。我原谅孩子讲出他的心里话。我会等一等看，是不是需要彻底处理这件事，或者看这件事是不是就这样过去了。

孩子："这饭难吃死了！"

父母：每个孩子都会经历这个阶段！这是正常的！我原谅他如此鲁莽，教会他如何以得体的方式表达自己的不喜欢是我的责任。

孩子："你知道什么呀？我的老师不是这么说的。"

父母：我还记得当孩子崇拜我、认为我知晓一切的时候。现在他仰视自己的老师，认为我的学识不够。他正在经历一个正常的发展里程碑，我不能阻止他。

"我的孩子在钻空子"

大部分父母发现，刚开始练习宽恕时很难。因为感觉好像孩子"胜利了"，做了不好的事还钻了空子。但是，一旦学会了宽恕，就会有一种轻松的感觉，因为负面的想法和感受得到了释放。接着自己就会解放出来，积极地寻求现实的、有爱的方法来纠正冒犯性行为。

宽恕 1

玛丽尽自己最大的努力给 10 岁的女儿克莱尔举办了一场激动人心的生日晚会。但是，晚会之后，克莱尔冲她大叫说这是一场差劲的晚会，她的朋友们在嘲笑她。最初，玛丽感到很受伤，她暗暗发誓以后再也不为克莱尔举办晚会了。她感到没有得到感激和尊重，非常生气。

当玛丽决定宽恕孩子的时候，她选择了从不同的视角看待事情：她提醒自己女儿只有 10 岁，在那个年龄段，她的女孩朋友们一般都很刻薄。对克莱尔这个年龄的孩子来说，同伴的赞许比空气都重要！当玛丽的心间充满了宽恕时，她对女儿感到的是同情，而不是愤怒，并下决心明年在计划生日晚会时让女儿更多地参与进来。

宽恕 2

伊扎克在高峰季节帮爸爸照顾生意。当他没有准时来上班时，他的爸爸感到非常失望。因为爸爸将儿子的行为看作是一种反抗，认为他不愿意为家庭出力，所以非常生气。伊扎克解释说他在沙滩上玩滑板，完全没有注意到时间。这一解释让爸爸更容易宽恕他，因为很明显伊扎克的行为就像一个以自我为中心的青少年，这是很常见的。

即使伊扎克的爸爸给了儿子"疑罪从无"的权利，他还是不要忘记发生的事情。如果他要求伊扎克以后要守时，就要确保伊扎克在他的手机上设置了提醒。

宽恕3

盖是一个讨人喜欢的4岁男孩，他看起来比实际年龄要大一些。他的妈妈确信，他就是她表妹婚礼上最完美的戒指持有人。结果盖弄丢了戒指，引起了婚礼上的混乱，他的妈妈感觉有必要来咨询我。

我在几次咨询中倾听了盖的妈妈讲述后，才向她谈到宽恕。她为这件事感到很羞愧、自责，也很失望，所以她想狠狠地惩罚盖。在适当的时机，我问她，处理压力情境时，盖的情绪"工具"是什么。她很快意识到，她的儿子只有4岁，只有4岁的记忆力和责任水平。她也认同，可能儿子那时候被赋予了太多责任，需要更多的监督。她选择了宽恕儿子，因为他的行为就像一个4岁孩子那样。

> ☺ **尝试一下** ● ● ● ● ● ● ● ● ● ● ●
>
> 下次当你被孩子的行为冒犯时，问问自己："这句话/这个行为是不是与孩子的年龄相符？我的孩子是不是只是一个孩子，他是否还没有发展到能做出不同的行为呢？"
>
> 你会发现，99%的时候你都能对孩子"疑罪从无"，并宽恕他。一旦你宽恕了他的负面行为，就可以选择要么教育孩子下次做得更好一些，要么忽略这件事让它过去。当你这样做的时候，你就能获得内心的平静。

第 12 章
同情的艺术

Chapter Twelve

当有人伤害了你,你想要反击是非常正常的。在童话里,报复总是以"甜美的方式"出现,能够扳回胜局。想要给对方伤害是正常的,几乎是本能的反应。同理,当孩子抨击父母时,有些父母会变得非常难过,以至于他们寻找办法来报复自己的孩子:"我要收回我的爱一段时间,看看他会感觉怎样。"

但这真的是父母想给予孩子的吗?不管孩子的行为如何,慈爱的父母都想为孩子提供一个安全的环境。冷静下来,不进行报复,就是在开启你的同情心。

> 同情来源于意识到你的孩子在这个世界上是无助的,完全没有防御能力的。

一个婴儿想获得关注或者让他们的需求得以满足的唯一方式,就是大声哭和"高需求";一个幼儿用发脾气或者踢人来引起关注;一个孩子可能选择用偷窃来获得关注;一个青少年可能需要把自己的头发染成紫色来获得关注。

我不是在容忍所有这些行为,只不过认同这些行为都是孩子们必要的生存机制，他们不知道还有其他方法可以获得关注。作为父母，如果能从更深层次上理解这些行为并寻求恰当的解决方案，才是对双方最有帮助的。比如，父母可以给孩子更多的关注，同时教育孩子如何更恰当地表达。

唤起同情的方法是提醒自己：你的孩子是多么无助。想象你的孩子单独行进在一条高速路上，他们会如何处理？他们有足够的能力和资源吗？想象他们单独生活在世界上，没有你的支持，他们能如何发展？

一旦意识到孩子是多么依赖你，要靠你给予他们如何在世界上立足的智慧，你的心间就会变得充满同情。这能让你的愤怒逐渐减少直至消失，让你有能量专注于教导孩子如何恰当地表达自己的感受。

当你表达同情时，听起来就像下面这样：

- 他还小，很依赖我。如果我对他太严厉，他会感到不安全。他需要提高记忆力，在一个有同情心的环境中他能学到更多。
- 他当时已经尽力了，这对他来说是一个真正的挑战。可怜的孩子，他不明白事物的复杂性，真的感到很困惑。
- 我不理解是什么让他害怕，但如果我不能容忍，或者品头论足，不会有任何帮助。如果我把他的害怕视为正常的，并帮助他克服恐惧，这对我们双方都会更好。我知道恐惧会如何阻碍一个人前进。
- 他只不过是想要爱。这是一个正常的需求，应该得到满足。可能他需要的爱比其他孩子多，但每个孩子都是有差异的。他感到自己的需求没有被满足，这对他来说一定很难过。
- 他付出了许多努力，但事情并没有那么容易。我不能想象他在学校里没有朋友或者内心挣扎是什么滋味。让我尝试着进入他的世界，努力去帮助他。
- 他是一个聪明的孩子，想要赶上他的哥哥姐姐。让我帮助他找到其他途径，让他被接受，让他觉得自己做得很好，而不是让他一直待在自己的位置上。

同情不是怜悯

重要的是要明白，同情不是怜悯，而是承认孩子的脆弱。当你站在孩子的角度设身处地地考虑，认识到他们经常会困惑和悲伤，你的同情心就不会阻止你去寻找方法帮孩子更好地、更恰当地处理问题。同情也不应该让孩子感到他们是特殊情况，值得怜悯。相反，重要的是承认孩子的痛苦，并和他协作一起减少那些加重他们无助感的压力。

同情 1

菲奥娜 14 岁了，很难管教，这让她的妈妈感到恼火和羞愧。几乎每天菲奥娜的老师都要给她的妈妈打电话，抱怨菲奥娜在学校的行为。她的妈妈真的是束手无策了。

当菲奥娜的妈妈来向我咨询时，我询问她菲奥娜在学校的学业表现怎么样，她不清楚，所以我建议她带菲奥娜做一个心理测量评价。测量结果表明，菲奥娜在理解高阶功课上有困难，这在她升入八年级时才开始变得明显。为了处理智力上的挑战，菲奥娜选择了孩子们在课堂上常用的方法：表现出调皮，而非愚蠢。一旦菲奥娜的妈妈明白了这一点，她就能对菲奥娜的困难感到同情，并把注意力放在帮助菲奥娜的学业上了。

同情 2

莱昂内尔来见我的时候，已经准备"勒死"他 8 岁的儿子了。他不能忍受儿子不停地把针织套衫和足球鞋弄丢。他也理解不了为什么儿子没有能力把衣服有序地整理好。虽然莱昂内尔的儿子被诊断为 ADHD（注意缺陷多动障碍），但他认为 ADHD 只是在教室里注意力有问题，而与一般的组织能力没有关系。

我向莱昂内尔解释 ADHD 又被称为"隐性障碍"，它有许多使人衰弱的症状，比如组织紊乱，他发现自己很难理解这一点。但是，在我的鼓励下，莱昂内尔读了几本关于这一主题的书籍，慢慢开始理解这一障碍。他立即从原先对儿子恶狠狠的愤怒转变为对儿子的巨大同情。随着愤怒的消失，莱昂内尔能够专注于寻找方法来帮助儿子记住他放衣服的地方。

同情 3

穆罕默德一周照顾他蹒跚学步的女儿两天，但他发现自己忍受不了。女儿在公园里总是黏着他，当他要离开她几分钟时，她就会大哭。他不喜欢这样，他感到很沮丧。于是当女儿哭的时候，他就模仿她哭，还威胁说如果她继续哭就丢下她一个人不管了，目的是向女儿表明对着他哭有多么可怕。

我很尊重穆罕默德的诚实，因为许多父母不愿意承认自己有这种敌对情绪。我对他的沮丧表示理解，然后追问他想找出是什么让他对女儿的依赖感到恼火。他坦承，当他是一个孩子时，从来不被允许提需求，因此他也希望自己的孩子能独立长大。我们一起探讨了儿童发展的里程碑，探讨了对一个幼儿的现实的期待是什么。我们还谈到了他女儿可能因为他离婚而产生的恐惧。一旦穆罕默德从女儿的角度看到这一点，他就会对自己年幼无知的女儿产生更多的同情，并采取更宽容的态度。

> ☺ **尝试一下**
>
> 下次当你愤怒地想对黏人的/难管教的/高需求的孩子大吼大叫时，问问自己："这个孩子是不是正在努力表达一些脆弱？"如果答案是肯定的，当你感受到孩子的痛苦时，请让你内心充满同情。然后想一想回应这种痛苦的最好方式。

不过还要意识到，同情并不意味着允许孩子辱骂你、攻击你，或者伤害你。你能够，而且必须，纠正这些不可接受的行为。同时，如果你的决定充满了同情和理解，而不是想要寻求报复，那么你就能做得更好！

第 13 章
感恩的艺术

Chapter Thirteen

许多新手父母一开始不知道养育孩子需要付出繁重的体力劳动和脑力劳动,以至于他们常常会感到吃惊。即使当他们完全领会了这一现实,产生的沮丧和苦恼也不一定会解除。如果这些感受不被处理,它们只会随着时间的推移而升级。"我痛恨所有这些繁重的劳动,我希望我的生活能有所不同。"这种抱怨大概描述了许多父母由于繁重的劳动和做父母所包含的责任而感到怨恨。

治愈这种痛苦的一个非常有效的方法是学会感恩的艺术。简单来讲,感恩意味着看到你现在所拥有的并欣赏它的价值。这样做的连锁反应是巨大的,因为你的孩子能感受到被爱,不会由于你因艰难和困苦产生的痛苦而感到内疚。这样做也能让你感到更幸福,让家庭生活更温暖、更轻松。

培养感恩之心可以通过想象另外一种生活方式来练习。想象一下你的家里没有孩子,这个家会是什么样子呢?家里是不是干干净净的,很安静,总是秩序井然的?这是你真正想要的生活吗?而你现在的生活中,有另一个人给你的家庭带来了爱和欢乐,即使伴随着泥巴。你真的更喜欢前者的生活,而不是你现在拥有的生活吗?每一个令人想拥抱的孩子进来时都带着泥巴,由你来决定是关注泥巴还是关

第 13 章 感恩的艺术

注拥抱。当你对于自己每天可以得到拥抱而心怀感恩，泥巴就成为一个需要清理的微不足道的麻烦。

看看那些拥有比你少的人，也可以产生感恩。在生活中总是有人比你拥有得更多，有人比你拥有得更少。你可以选择与哪个群体进行比较。当你选择关注那些拥有比你少的人，你就可以立即为你的生活感到高兴，并对所有你拥有的心怀感恩。你是不是认识一对没有孩子的夫妻？问问他们是否想要一个孩子。许多 30 岁以上的成年人都说他们渴望要一个孩子，没有孩子，他们感到生活缺少什么。到现在为止，你的内心应该对于你有这个孩子充满感恩。在你的家庭中有孩子这个生命礼物，你是多么幸运啊！只要你专注于你所拥有的，而不是盯着遇到的麻烦，你就能更快乐，更有爱心。这反过来也会把快乐和爱心播撒到整个家庭。

任何时候当你开始对你的命运感到愤怒时，就可以练习感恩的艺术。如果你大部分时间总是感到生气和痛苦，那么你可以开始做每日感恩。你可以随身携带一个小本，每天写下你感恩的三件事。

这些事情不应该是像中彩票那样的大事，而应该是"小"事。它们组成了你的生活，而你把它视为理所当然。比如令你感到舒适的房间、好天气、与好朋友的愉快聊天、健康的孩子，等等。

你的感恩日记看上去就像下面这样：

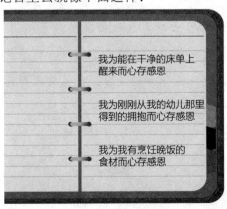

我为能在干净的床单上醒来而心存感恩

我为刚刚从我的幼儿那里得到的拥抱而心存感恩

我为我有烹饪晚饭的食材而心存感恩

开始使用感恩的语言

要感恩的事物非常多：完成一次家务活，遇到一个好医生。当你开始寻找生活中需要感恩的数不清的小事时，你的个人幸福感就会飙升。你会惊奇地发现，有多少事物你都认为是理所当然的！下面是一些心怀感恩的父母曾跟我说过的话：

- 我是多么幸运在生活中有一个孩子可以引导。许多女性为了有一个孩子愿意做任何事情，这样她们就可以和孩子分享生命的旅程。
- 我很感恩我有一双健康的手可以晾衣服。我的邻居由于有关节炎而痛苦。
- 我是多么幸运可以期待老年生活。现在有4个小孩要养育可能是艰难的，但当我享受儿孙绕膝的陪伴时我就得到了回报。
- 虽然照顾整个家庭是一个经济负担，但它给了我的生活一种目标感。
- 活着的每一天我都有机会对孩子的生活给予积极的影响。

不管你的秉性如何，你都可以让感恩成为一种习惯。你练习得越多，你就会变得越乐观，也会更加轻松和快乐。

感恩1

尚特尔厌倦了洗孩子的衣服，她讨厌洗衣服。每次3岁的儿子弄脏衬衫，她就朝他大吼大叫。这种情况持续了好几年，直到儿子上学。当她遇见戴维的妈妈时，才停止了吼叫。戴维是一个高度过敏的孩子，他的妈妈必须每天洗他的衣服，以保持衣服没有细菌。每当尚特尔感到怨恨升起时，她就会想起戴维的妈妈，这时她的内心就会因为有一个只需要正常洗衣服的孩子而充满感恩。

感恩2

迪诺厌烦了婚姻和养育孩子带来的责任。他工作很辛苦，回到家只想要和平和安静，或许再加一点乐趣。他变得愤怒，虐待妻子和孩子。他妻子离开了他，这迫使迪诺寻求专业的帮助。

在咨询过程中，我让迪诺探索他真正的价值观和需求是什么。令他惊讶的是，他发现，没有家人在身边，他感到很孤独。他怀念家人的互动和感情，怀疑之前到底是什么让他如此不知感恩和愤怒。一旦迪诺为自己的幸福承担起责任，找到生活的平衡点，他就对能有第二次机会与所爱的人生活在一起而感到真正的感恩。他在床头挂了一个感恩牌，来保持这些感恩的感受。

感恩3

耶特的体质非常敏感。她能感觉到每一点痛楚，从一开始她就向她的丈夫安德鲁抱怨生活多么艰难。刚开始安德鲁还应付得了她糟糕的状况。但是随着时间的推移，他开始担心她的抱怨会对4岁的孩子产生影响，因为孩子也开始抱怨生活中每一个小差错。

我对耶特和安德鲁一起进行了咨询，帮助耶特明白她的行为影响了丈夫和女儿。然后我向她解释道，如果专注于感恩生活中美好的事物，而不是把注意力放在困难上，会意味着什么。耶特在思想上挣扎了好久后，才感到自己是被好运所保佑的。当耶特开始在一个护士之家做志愿者时，遇到很多遭受痛苦的人，这让她从不同视角思考，她才真正转变了。

😊 尝试一下 ● ● ● ● ● ● ● ● ● ● ● ● ● ● ● ● ● ● ●

每当你对自己作为父母的生活感到愤怒和怨恨时，可以对自己说："我现在能够选择，我选择把注意力放在我生活中所有美好的事物上。"想象你的感受，想象你生活中所有美好的事物，包括你美丽的孩子，让感恩充盈着你。现在你就能带着内心的满足度过同样忙碌的一天了。而且，你和孩子都会感到情满心间。

第 14 章
信任的艺术

Chapter Fourteen

看到孩子在困境中挣扎，父母的心里常常充满恐惧。我们不愿意看到孩子痛苦，希望把痛苦都赶走。我们担忧未来，对孩子未来的出路没有信心。"我害怕他会一直挣扎，如何能让他做得更好呢？"我们的担忧常常会让我们大吼、催促和生气地讲道理，我们希望能带来改进。有时候我们可能会骂孩子，想去证明我们的观点；或者也许我们会表达我们的失望，认为这样能激励孩子。

这些行为都不能帮助孩子进步或者成长。实际上，通常会适得其反。因为贴负面标签和充满敌意会降低一个孩子的自尊，"自我实现预言"就会实现。我们的担忧也会加剧孩子的恐惧，并让他们对自己的能力产生怀疑。

对抗恐惧的解药是信任

学会信任是对抗恐惧的解药。没有人能看到未来，没有人能做出保证，但有一些普遍的真理能帮助产生信任。一旦你拥有信任，你就能把自己从恐惧中解放出来，促进孩子必要的成长，你也可以自由地享受每天的生活。更重要的是，你允许孩子在没有负面情绪干扰的情况下进行试验和成长。

第 14 章 信任的艺术

着眼于生活的大局可以培养信任。几乎所有你认识的人都是在没有任何督促的情况下学会走路的。跌倒，再站起来，直到掌握走路的方法，这是一个自然的本能。学习走路是人生的隐喻。每个正常人都需要跌倒并爬起来，这样他们就能学会自己站立和行走。

我们学会在生活中充满信任的过程中，有几个原则在起作用：

第一个原则，跌倒是学会走路的前提。同理，在生活中奋斗是成功的前提。

第二个原则，你的孩子知道自己什么时候可以走路。你不需要移动他们的双腿，或者说教。同理，成长中的孩子也有必要的基因来告诉他们发展的下一步该做什么。

第三个原则，虽然你不能加速孩子学会走路的过程，但你可以通过移除路上的危险物来确保孩子的环境是安全的。同理，你能为孩子提供安全的环境和有益的指导来促进孩子向好的方向发展。

第四个原则，在孩子的肌肉和神经系统足够成熟之前，你的孩子不会走路。同理，在孩子身体和情绪都做好准备之前，他也不会成熟。

第五个原则，你不能背着你的孩子，以免他们摔倒。他们需要摔倒并学习，这是过程中的一部分。同样，过度保护孩子免受生活的固有风险不是正确的做法；相反，让孩子自然发展是更可取的做法。

第六个原则即最后一个原则，孩子在积极的氛围中成长得最好，而在消极和批评的氛围中会经历更多的挣扎。

把这六条原则牢记在心里，你就能学会信任孩子的发展过程，对未来怀着希望，而不是恐惧。你可以学会将挣扎和压力视为发展的必要组成部分，平静地想象最终的结果。这种平静的感受会传递给孩子，并极大地帮助他发展，而没有负面干扰。

看看你自己的生活

培养信任的另一种方法是看看你自己这几十年的生活。如果你对你的选择和成就感到满意，那么回望一下一路走来你所经历的困难。你挺过来了，你的孩子也能挺过来。要意识到困难是你成功的必要组成部分，相信对于孩子来说这也是必要的和有益的。最后，想一想你用了多少年才达到现在的目标，相信几十年后你的孩子也会达到同样的目标。

如果你有宗教信仰或者精神信仰，那么这时可以使用它。不管你的信仰是什么，要相信更高的力量会安排好所有的事情，要相信这个挑战的到来是有原因的。你可以祈祷，向孩子传递温暖的信息，把无处不在的恐惧都释放掉。

即使你没有宗教信仰，也可以想一想那些问题以意想不到的方式得到解决的时刻。想一想你曾经认为你应对不了但却最终找到解决之道的时刻。花时间记下这些时刻，当你对孩子失去信任或者迷失方向的时候，多想想这些时刻。要相信，孩子能像你一样应对问题，成功渡过生活的难关。

信任的乐观的感受肯定听起来就像下面这样：

- 他只有4岁，他还有许多年来学习生活技能，毕竟，我用了30年才学会这些技能。
- 成功来源于一点点运气，一些天赋，更多来源于努力奋斗。看着他努力学习并不是灾难性的，事实上这是有好处的。
- 不需要任何治疗，伤口也会愈合。孩子情绪上的伤害也可能会随着时间的推移而治愈。

- 今天他想逃避问题，但我会给他时间让他好好考虑一下，我相信明天他就会感到乐观，并再一次尝试。我知道我会这么做。
- 他对于自己的职业道路不是很确定，我想继续给他一些建议。但是我会让他尝试几份工作，然后自己来做决定，因为经验是最好的老师。如果他需要我，他知道我就在这里。
- 我不明白他为什么现在要尝试这个。但如果我表示失望，是不会对他有所帮助的。我会运用信仰，把力量和信任传递给他，这将给他一个支持的环境，让他能够克服困难。

信任的内化来自对孩子发展过程的理解，以及对你自己多年成就的确认。阅读成功故事和乐观面对未来，都将提升妥善解决事情的希望。

信任 1

特里很沮丧，因为虽然儿子已经很努力了，但在学校成绩还是不好。特里来找我咨询，希望能找到提升儿子学习成绩的方法。

我问特里他自己在中小学和大学的表现怎么样，特里说自己在中小学并不优秀，但在大学表现优异。我向特里解释，这一现象很普遍，所有学业成功者共同的特征是勤奋。所以虽然他儿子现在的表现不能预测未来的学术成就，但他的勤奋和坚持却预示着未来职业的成功。我建议特里认可儿子积极、重要的特质，并相信儿子最终将走出自己的人生。

信任 2

拉里转学了，在交朋友方面遇到了困难。他的妈妈谢娜想帮儿子解决这个问题，因为她不忍心看到拉里伤心的样子。她每天下午都详细询问儿子在学校跟谁一起互动了，然后要求他在地板上用角色扮演的方式演出当时的情景。她还打电话给学校，请求老师一定要让拉里的同学选择拉里在自己的小组中玩耍。拉里变得更加伤心和退缩了。

毫无疑问，谢娜是一个慈爱的妈妈，想努力改善孩子的生活。但是，她给儿子传递的信息却是：儿子的社交技能很差，需要辅导。她也暗示着儿子需要她为之插手，因为他自己搞不定。也许最具伤害性的信息是，儿子是脆弱的，无法应对变化，容易受伤，需要他的妈妈来拯救他。

当谢娜来找我寻求帮助的时候，我问她的第一件事是拉里在原来的学校是不是有朋友。谢娜的回答是："有啊，有一些。"然后我跟她解释说，这就意味着拉里本身有交朋友的能力，而这能力无论他到哪里都可以带走。他知道该怎么做，他不需要为此上学习班。我也解释说，改变是一个过程，需要时间。通常对一个孩子来说（在这个例子中是拉里），在新学校交到朋友需要几周的时间。我鼓励谢娜要理解这个过程，相信拉里能用自己的方式成功地渡过这个难关。

信任 3

格里充满了内疚感。他过去一直患有抑郁症，刚刚被告知他的女儿塔米也患有抑郁症。他不能忍受塔米的无精打采，经常因为她晚睡或者做事不能坚持到底而对她大吼大叫。

格里是我的一个长期的来访者，我曾看到过他对生活真的失去了动力和希望。在康复过程中，我一直陪着他，看到他是如何设法控制住了自己的抑郁，最终他的社会功能完全健全了。因此，当格里向我承认他不能忍受女儿的状况时，我认为他真正感到的是恐惧，害怕女儿不能康复。我跟他回顾了他自己成功康复的过程，并尽力劝他相信塔米也能学会克服自己的抑郁。同时塔米需要从父亲那里了解的是，康复需要花费时间，付出努力。虽然他的女儿还没有康复，但他可以表现出信心，相信塔米会挺过去，并成功地克服抑郁症。

信任 4

迪娜即将有自己的第一个孩子，她非常紧张。她的妈妈贝莎害怕迪娜应付不来，所以不停地给迪娜建议，当迪娜没有照做时她就很生气。贝莎意识到自己的担忧正在加重女儿的恐惧和不安，所以前来寻求治疗。

倾听了贝莎的沮丧，我想到的是养儿育女是一生的事情。即使迪娜已经是一个成年人了，可以当妈妈了，她的妈妈还是想保护她。当贝莎和我分享她第一次生孩子的经历时，她意识到那时她比迪娜还年轻。她回顾了她当时应对的能力，就像病房里其他年轻女性一样。我建议贝莎让自己的内心信任充满，相信女儿就像贝莎和其他上亿女性一样能够应对得来。

☺ 尝试一下 ● ● ● ● ● ● ● ● ● ● ● ● ● ● ● ●

下次当你为孩子的发展或者挣扎感到焦虑时，回想一下你在那个年纪时的情况，记住当时感觉有多难。然后专注于你是如何适应的，从而如何找到通向成功的力量和勇气。

让信任充满你的内心，相信你的孩子也能找到必要的资源顺利度过这段时期。保持你的信任，并将它或公开或悄悄地传递给孩子。然后观察能量和智慧是如何随之而来的。

Change from
the
outside in

第四部分
由外而内的改变

第 15 章
利用行为工具

Chapter Fifteen

有一些人脾气暴躁,很容易生气,而另外一些人则需要更长时间才会发火。不管你发脾气的速度是快还是慢,总会有一些生理迹象来提示你要发脾气了,所以重要的是,只要这些迹象一出现,你就要学会调节自己。普遍的一些早期迹象包括你的声音提高了,你感到牙关紧闭,你感到脸在发热或者涨红,你感到心在怦怦狂跳。

只要你注意到任何早期迹象,就提醒自己,在那一刻你对于怎样行动和你想成为什么样的人是可以选择的。你可以对自己说:"我有能力让我的情绪变好"或者"我可以选择改变我的行为来为自己赋能"。然后你可以选择用不同于以往的方式来行动!

你不会"失去控制",而是通过练习一些新的方法,成为新的自己。这里有六种你可以采取的行动,它们都能非常有效地对抗愤怒。这些就是你新的行为工具,随着时间的推移,它们会成为你的朋友。

你的行为工具箱

戴面具

控制呼吸

走开

分散注意力

视觉化

冷静

当你改变自己的行为，你就是在利用"由外而内"的方法。这与"由内而外"的方法同样有效。不同的场合需要采取不同的方法，但是长期使用这些方法会让你变得更平静、更自由。现在让我们更仔细地看一下这六种行为工具。

行为工具1：戴面具

我曾遇到愤怒的父母都热切地告诉我，他们特别想对孩子变得平静和有耐心，而不是常常感到烦扰、生气，忍不住责备和吼叫。当许多父母觉得自己没有达到"好父母"的理想时，他们就会对自己感到很沮丧。

一般来说，他们在自己的脑海中有这样一个父母形象：耐心、友好、仁慈，不发脾气不吼叫。"戴面具"就是指你的行为是根据你想成为的样子来进行的，你"假装直到成真"。戴上一个"好父母"的面具，不断练习，你就会成长为你想成为的那个人。经常戴上面具，这件事就会越来越容易。过一段时间后，你会注意到，面具不再是面具——而是你本人。使用这一工具可以帮助你征服愤怒，随着时间的推移，这一工具将会成为你的习惯方式。

换句话说，不管你内心是什么感觉，如果你想成为平静的父母，那么就表现出平静的样子。你想接纳孩子的梦想？好的！那么就通过只是倾听而不评论或者批评来表现出接纳，并寻找积极的方法鼓励孩子表达。起初，你是在假装成为接纳的、不评判的父母，但最初的伪装能够转变为现实！

第 15 章　利用行为工具

同样，如果你希望更有耐心，那么就行动慢一点，讲话有耐心一点，就好像你已经很有耐心了一样。不要担心你正在"假装"或者不真诚。事实正好相反，出于你真诚的目的，你正在通过不让你的情绪控制你的行为，来扮演那个你真心想成为的人。你正在选择的行为，给了你实现理想的机会。随着时间的推移，你的行为看起来就不那么假了，而是与你内心深处持有的价值观保持了一致。

使用这一工具可以有不同的方式。比如，你可以从早上起床就"戴上面具"准备过一天平静的生活。假如你想对过度活跃的孩子保持冷静，当你醒来时要告诉自己："我想变得平静，因此今天我要戴上平静的面具。不管我内心有什么感受，我都要假装是平静的。如果我想要赢得奥斯卡大奖，假装自己是一个演员，就能对我有帮助。我将是一个和过度活跃的孩子在一起的演员，在电影中我是平静的、理想的父母。我将监督自己一整天都保持平静。"

你也可以只在自己感到烦躁的时候"戴上面具"。比如，孩子正在沙发上爬上爬下，你不想对孩子吼叫，你想平静地让他离开沙发，但是你真的感到很烦躁。你希望戴上平静的面具，像你真正想变成的梦想中的父母那样行动。想象孩子的老师正在房间里观察你，这也许能对你有所帮助。你的行为就好像你要努力给老师留下好印象一样。

有意识地关注自己的声音，然后平静地讲话，也会有帮助。如果你轻声细语或者温柔地说话，就不可能变得愤怒。而且，如果你有意慢一点行动，而不是匆忙行动，也是有帮助的。缓慢行动会抑制愤怒。在一整天都尽可能多地微笑，你会感到更快乐，更少发脾气。改变你的身体动作，看看你是不是感到更平静。

戴面具 1

亚伯拉罕天性是个悲观主义者,他意识到自己的态度和情绪影响了整个家庭,于是寻求心理治疗。虽然他理解了自己这种态度的来源,但这并没有帮他更积极地去行动。在学习了戴面具这种"由外而内"的方法之后,他决定每天早上照着镜子剃胡须的时候面带微笑。不管他内心感受如何,他都这样做。两年之后,微笑变成了他更喜欢的行为举止。

戴面具 2

我建议玛丽在指责青春期的儿子时戴上友善的面具,但玛丽不喜欢这个建议,她觉得这太虚假和不真诚了。我问她曾经是不是戴过面具,她回答:"当然没有啦。"然后我又问她在很愤怒的时候是否曾在公共场合对她的丈夫吼叫过,她回答:"当然没有,我总是等到我们单独在一起时才会那么做。"我解释道,在公共场合她戴着忍耐的面具,只有在家里才摘下它。如果她愿意的话,她在家对待家人时也可以戴上面具。

戴面具 3

罗布是一个心理学家,他并不以此为傲。他脾气不好,知道自己需要控制脾气,尤其是当他在家里和家人在一起时。在见过我之后,他希望以同行的身份给我留下深刻印象,于是决定使用"戴面具"作为改变的工具。每当他感到自己的脾气上来时,他就想象我正在房间里评价他的行为,这样就迫使他戴上专业、成熟和理性的面具。这一有用的工具最终使他取得了成功:罗布能够极大地减少他愤怒的言辞了。

> ☺ 尝试一下
>
> 下次当你意识到自己在吼叫的时候,专注于你的声音并降低音量。缓慢而从容不迫地讲话,选择不那么夸张的言语。想一想你要传递的主要信息,就好像你讲话的时候正在电视上接受好事的记者的采访,他正试图激怒你。看看当你掌控你的行为时是不是感觉好多了。你的行为方式就是在扮演你真诚希望自己成为的那个人。

行为工具2:控制呼吸

另一个管理愤怒的行为工具是深呼吸,这可以强迫你的身体放松。当你放慢呼吸时,你就会立刻平复下来。这是一个完全由外而内的过程。缓慢而从容不迫地呼吸,强迫你的心率降下来,然后,就像变戏法一样,愤怒消失了。

你可以使用任何你喜欢的放松方法,因为如果做得恰当并进行日常练习,它们最终都会产生同样的结果。你可以选择对你来说感觉最舒服的方式。当你感觉自己变得沮丧时,可以深呼吸。不过,为了达到最优效果,即使感觉很好,你也应该试着每天都练习。一天可以练习深呼吸两次,醒来时一次,睡觉前一次。这会改变你的生活。你会感受到理智和宁静,发脾气的次数也会减少很多。

> ☺ 尝试一下
>
> 把注意力集中在你的心间,缓慢而均匀地深呼吸,每次当你呼气的时候说"放松"这个词,这样做5次。如果需要的话,你也可以一天做许多次。

控制呼吸1

贾斯汀学习到,她有一个选择时刻,可以选择吼叫,也可以选择深呼吸。每当她听到自己的声音提高了，她就把注意力集中在了呼吸上。她一开始说"放松"这个词时也许有点勉强，但随着她平复下来，就变得更自然了。贾斯汀告诉我，她这样做的次数越多，她放松得就越快。

控制呼吸 2

泰勒的丈夫把她描述为"泼妇"。用她丈夫的话来说，泰勒总是"批评、吼叫、贬低我和孩子们"。值得称赞的是，泰勒自己意识到了这个问题，想要改变。但是她有点茫然不知所措，因为她感到有许多问题需要同时处理。

我了解泰勒的性格，知道她在家没有自律来练习呼吸。我也知道，她最初需要反馈，这样她就会被激励从而坚持下去，所以我给她的方法是生物反馈。我使用一些电脑软件，通过连接到被测试者的耳垂上来测量脉搏。虚拟教练会给出反馈，让被测试者知道什么时候自己更平静或者更不平静。

泰勒喜欢这个即时反馈，很快她就学会了控制呼吸。她发现这个方法很容易使用，对她很有帮助。于是她就认真地练习呼吸，降低她的压力水平，一天 3 次，一次 10 分钟。这让她变得平静，开始使用新的更好的方法对待家人。

控制呼吸 3

当爱德华帮女儿辅导作业，女儿跟不上他的解释时，他就非常生气。爱德华以"日本新干线的速度"在讲话，当女儿不能立刻明白他的解释时，他变得很沮丧，并失去了耐心。过去他认为女儿是故意不专心，但现在他意识到，以女儿的智力水平和专注能力，她已经尽自己所能了。

作为一个慈爱的父亲，爱德华承担了改善这一状况的责任。放慢呼吸帮助他做到了这一点。他深呼吸，放松，慈爱地看着女儿，更缓慢、更系统地讲解问题。

> **☺ 尝试一下** • • • • • • • • • • • • • • • •
>
> 下次当你发现自己没有耐心时，放慢你的呼吸。把注意力集中在呼吸上，而不是他人的行为上。感受你的整个身体都在放松，保持放松状态，继续做你正在做的事情。

行为工具 3：走开

有时候防止脾气爆发的唯一一件事就是离开现场。相比待在现场引起需要几天甚至一生才能修复的情感伤害，这是一个更好的选择。如果你的孩子足够大了，告诉他们你需要时间平复一下。重要的是，你这样做不仅是帮助自己，而且还为孩子树立了一个使用好策略的榜样。

你可以说些类似这样的话："我感到我的身体温度在升高，我不想变得愤怒。我要到隔壁房间去冷静一下，稍后我们再继续。"

如果你的孩子还不够大，理解不了，那么你不能离开，除非有另一个负责任的成年人来看护他。有时候，真正走开是不可行的，这时你可以选择"乌龟法"，也就是把你的头和胳膊放在桌子上，脸朝下，同时缓慢地呼吸，以平复情绪。

走开 1

可怜的爱丽丝是一个年轻的寡妇，带着 5 岁的双胞胎。她住在一个小公寓里，没有人帮忙。当双胞胎互相争吵不停时，晚饭时间就变成了噩梦。爱丽丝曾经对他们大吼大叫，拽他们的耳朵，但这只会令事情更糟糕。爱丽丝在沮丧的时候没有地方可以去，我教给她乌龟法。现在她把头放在胳膊里面埋头在桌子上进行深呼吸。她专注于她的呼吸，而不是孩子们的吵闹声。有时孩子们会安静下来，但有时他们并不安静。不管哪种情况，爱丽丝都避免了伤害他们，让事情恶化。

走开 2

史蒂文不能忍受他的丈母娘。当她来做客的时候，史蒂文对每个人都很粗鲁。他不想费神深入理解这其中的缘由，只是希望自己不要有恶劣的行为，希望自己能和丈母娘保持良好的关系。当他了解到自己离开现场可以解决问题时，这对他是一个巨大的解脱。他征得妻子的同意，现在当丈母娘来访，只要他有厌烦的感觉产生时，就离开家去散步。

走开 3

斯科特不喜欢儿子在睡觉时间乱发脾气。过去他曾试着给儿子讲道理，也试图惩罚他。斯科特的妻子认为斯科特的行为让儿子的脾气变得更坏了。当斯科特了解到，自己可以远离不断升级的对峙时，在儿子开始耍脾气时就离开了。斯科特和妻子都感到，相比之前发生的不愉快场景，这样好多了。

☺ 尝试一下

下次当你失去控制，认为自己停不下来时，就走开，直到你感觉自己已经足够平静，能够控制住自己的情绪为止。提前告诉你的家人你要这样做，这样他们就不会觉得你是在逃避问题，并确保他们知道你一旦平静下来，在适当的时候，会继续解决问题。

行为工具 4：分散注意力

如果你花很多时间和孩子在一起，你就会发现自己很容易烦躁。让自己从这种烦躁状态中分离出来，是非常有用的。你可以一起看会儿电视，或者听会儿收音机，或者在孩子玩耍的时候可以读一本书，哼小曲或者大声唱歌对于切断愤怒引起的生理反应也是很有效的方法。

一起玩游戏是度过高质量时光的好方法，可以让你和孩子都从日常乏味的生活中解脱出来。任何游戏都好，不管是棋盘游戏、电脑游戏，还是好玩的经典游戏：猜猜看、捉迷藏或者"假装"游戏。

分散注意力 1

艾娃是一个会计，在 43 岁时有了自己的第一个孩子。她非常想要这个孩子，但发现整天在家单独和孩子待在一起让她很烦闷。一天下来，孩子发出的每一声尖叫都会让她烦躁，艾娃感到自己变得很刻薄，她会模仿孩子，夸张地发出孩子发出的声音，这真的让孩子很沮丧。

当艾娃学会分散注意力后，她找到一个经常播放许多她喜欢的旋律的音乐电台，她整天听着电台里的旋律并随之一起唱歌。这一简单的方法极大地帮助她控制了情绪。

分散注意力 2

孩子就是孩子，全世界的孩子都一样。这意味着孩子们又吵又闹，不会总是安静地坐在诊疗室里等候。当加里把他家的狗带到诊疗室时，他决定不再关注孩子们的搞怪行为，除非他们有危险。当孩子们和其他狗一起玩耍时，加里做数独谜题。这样，最大限度地减少了争吵。所有人都享受了这次必要的外出活动。

分散注意力 3

父母一旦每天都密切地关注着孩子，就会产生成百上千个批评。这会引起长期的愤怒和绝望。克洛伊很长一段时间都在经历这样的事情。他过去一直对孩子说这样的话，比如"坐好了""不要抠鼻子""你的衬衫松开了""你说话声音太高了""咳嗽的时候用手捂住嘴""不要打嗝""现在去卫生间""说请""说谢谢你""亲亲奶奶问好""不要抽搐""不要乱跑"等。这个清单是无穷无尽的。因为克洛伊错误地认为，不断地纠正孩子的行为是她作为母亲的职责。

克洛伊学习到，她最好在新的一周开始时就决定要纠正哪两种行为，而忽略其他行为。她发现忽略很难，而让自己分散注意力更容易，这样她从一开始就不会看到烦人的行为。现在克洛伊画素描、编织、读杂志，或者跟着音乐唱歌，她的愤怒水平极大地降低了。她学会了从父母的角色中分离出来！

☺ **尝试一下**

下次当你感到恼火或者生气时，找一个活动把你的注意力从孩子的行为那里转移开来。你可以做家务，和孩子一起做一项课外活动，做一个有趣的游戏，或者调到有意思的电台或电视节目。

行为工具 5：视觉化

愤怒可以被看作是控制你的一种情绪，也可以被看作是一种来拜访你的状态/症状。持有后面这种观点会更加有帮助。

差别就在于一种观点认为"我是一个愤怒的人"，另一种观点认为"有时候愤怒来拜访我"。当你把愤怒看作是流动的，它就变成了能被处理、克服的事物，因为它比你要小得多。

下次当你感觉自己被愤怒拜访时，请把这个拜访者想象成一朵黑色的云彩。然后想象自己足够强大，能够吹散这块云彩。

或者，如果你愿意，可以将愤怒这个拜访者想象成一个红色魔鬼，把这个魔鬼放在一架直升机上在你的头顶盘旋。当你这样做的时候，并不是在与愤怒战斗；相反，你接纳它在你周围盘旋着，但你又把它放在了合适的位置上。当你想象自己重新定义红色魔鬼时，你就是掌控的那个人。

你意识到了愤怒，但它和你不在同一个情境里面。稍后，你可以选择更近距离地看着它，或者你也可以允许它离开。

视觉化 1

曼迪在家照顾闹腾的婴儿，她时常想摇晃婴儿让他闭上嘴巴。她的忍耐水平一向都很低。学会视觉化之后，曼迪现在坐在一个摇摇椅上摇晃婴儿，她把自己对婴儿的愤怒想象成一只巨大的、丑陋的蜘蛛。她看见自己把这只蜘蛛带到一架吵吵嚷嚷的在等候的直升机上，把蜘蛛放进去，然后观察这架直升机起飞并在头顶盘旋。

曼迪喜欢这个方法，因为她不需要压制愤怒，她只是需要把沮丧搁置一会儿，直到她对孩子的温柔的感受再度回来。不过具有讽刺意味的是，曼迪发现，她越经常性地练习视觉化，她的愤怒"蜘蛛"就变得越来越小——直升机盘旋的次数也越来越少了！

视觉化 2

埃里克曾认为自己对愤怒毫无办法。用他的话说，他认为就像尾巴在牵引着狗一样。当他明白，愤怒只是不时地来拜访他的一个症状时，他决定把愤怒看作一块黑色的油灰。他想象自己把"愤怒油灰"滚成一个球，然后攥在自己的拳头里。他喜欢（在脑海中）玩这个油灰并改变它的形状，这给予了他对愤怒巨大的掌控感。

视觉化 3

索菲娅喜欢把自己看作一个真正的淑女,所以她一发脾气就会感到尴尬和羞愧。现在她把自己想象成一个庄园的贵妇人,她在庄园里散步,她的行为举止随之都改变了。她每天早上都这样做,大部分时间她都能够表现得举止优雅。

> **☺ 尝试一下**
>
> 想一想你的愤怒:你的愤怒看起来是什么样子的?感觉起来是怎样的?它有气味或者味道吗?将它看作你可以操控的具体的事物,并且让它变得比你小。想象你自己比愤怒大得多,你可以推开它,挤压它,改装它,踩踏它,让它屈从于你的意志。你会感觉有力量控制自己的愤怒,从而赢回你的控制感和宁静感!

行为工具6:冷静

有一些古老的方法在今天依然像过去一样奏效。其中一个方法是缓慢地从1数到10;另一个方法是冲个冷水澡;其他方法包括出去跑步,用凉水洗脸,摩擦双手,或者喝热的巧克力饮料;给一个朋友打电话宣泄(而不是向你的孩子)也是非常有安抚作用的。换句话说,当你感觉你的愤怒升级时,可以做一些实际的事情来阻止它。

冷静1

当我向斯塔夫罗斯建议,如果他觉得想要讽刺挖苦孩子,就从1数到10,以此来平复情绪时,他嘲笑了我。他认为这是一个荒唐的、过时的主意,而愤怒管理肯定要比这个复杂得多。我解释说,有许多管理愤怒的工具虽然古老但很有效。这个办法很奏效,因为它强迫愤怒中的人把注意力集中在数数上,如果你需要的话,可以数到20或者50——这就把注意力从那个被认为犯了错的人身上转移开了。这也打开了刺激和反应之间的那扇窗，让其他的养育之道成为可能。

斯塔夫罗斯尝试了这种方法，试图证明我是错的。但令他惊奇的是，他不仅在自己身上看到了效果，而且还改进了这种方法。虽然他讲英语，但他的家人都来自希腊，所以他决定用希腊语来数数。由于他不熟悉希腊语，所以需要更多的注意力。现在整个家庭都用希腊语数数以平复情绪。

冷静 2

许多女性发现她们的愤怒受到自己生理周期的影响。莉莉讨厌自己被激素主宰，她决心找到掌控的方法。她发现定期去按摩可以帮她控制情绪。当她感到自己就要生气时，她也会按摩自己的双手。

冷静 3

默里是一个工作狂，脾气暴躁。他发现每天去跑步有助于管理自己的愤怒。有时候，当默里感到克制不住自己的愤怒时，他就出去跑步。

> **☺ 尝试一下**
>
> 每当你意识到愤怒的征兆来临时，就可以采取一些行动让自己平复下来。出去散步或者跑步，做一些锻炼，冲个澡，或者对朋友倾诉——所有这些都是经过试验的、值得信赖的方法，它们已经帮助了许多人。不过，也许你有自己独特的"冷静"方法，对你自己很有用。

底线：承担责任

不管你选择哪种工具，你都是在为自己的消极情绪承担责任。你可以尝试各种不同的方法，很快你就会发现你在经常使用其中的一些方法，发现它们用起来得心应手。把其他方法先保留着，你永远不知道什么时候它们也许就会派上用场。

Living
a
balanced life

第五部分
过平衡的生活

第16章
照顾好自己

Chapter Sixteen

到目前为止,我们已经学到,作为父母你可以如何转变观念,管理情绪,以及练习减少愤怒的新行为。第四种同样重要的管理愤怒的方法是努力追求你生活中的幸福和平衡。为什么?因为如果你又累又饿,疲惫不堪,沮丧或者孤独,你就更容易发脾气。相反,当你花时间照顾自己的需要,自己感到很充实时,就不会那么急躁易怒了。

过平衡和充实的生活,这里有一个原则——照顾自己。从根本上讲,每个人都有情感上和身体上的需要,它们需要得到滋养。我们在社会交往、智力刺激、身体运动、营养补给、情感联结和精神联结等方面都有需求。如果我们不照顾自身的这些方面,我们就会失去平衡,很容易发脾气。

史蒂文·柯维(Stephen Covey)在《高效能人士的7个习惯》一书中,讲了一个伐木人试图用一把不锋利的锯子伐树的故事。一个过路人停下来对他说:"打扰一下,可能你没有注意到,你的锯子是钝的。"这个伐木人愤然回答说："我当然知道它不锋利。但是，你看到这片森林有多大了吗？你看到我需要伐多少棵树了吗？我有这么多事情要做，我没有时间来磨快锯子。"

从字面理解，这是一个"只见树木不见森林"的例子。实际上，伐木人全部的注意力都在关注他需要锯倒的数量庞大的树木上，而没有时间把"磨快锯子"这一能使整个工作更轻松高效的事情放到优先的位置上。伐木人不明白的是，一把磨快的锯子会加速伐木的过程，能轻松弥补花在磨锯子上的时间。

父母也可能会有类似的情况。他们认为自己整天为了孩子而忙碌，没有时间进行那些能从整体上让自己更好、更快乐的练习。

如果你意识到自己有和伐木人同样的倾向，就做深呼吸，允许自己从"更大的愿景"考虑。就像空乘人员会告诉你，在你帮助孩子之前先戴上自己的氧气罩一样，你需要确保自己在日常生活中和为人父母的过程中工作效率最大化。

当你花时间"磨快锯子"并滋养自己时，并不是对孩子不上心或者剥夺他们的权利。相反，你将成为一个更快乐、更充实的父母，这将很容易弥补你从养育中抽出来的时间。

请注意：我并不是在倡导你过一种自私的生活，总是把你的需要放在孩子的需要之前，我也不是提倡你与孩子长时间的分离；或者建议你放弃对孩子的责任。我推荐的是你在日常安排中创建一段时光，在一定程度上留出时间为自己充电。不管你相信与否，在 24 小时之内总会有充足的时间既满足你的需要，也满足孩子的需要。

为了感到平衡和完整,人的一生中一般有五个方面的需要要满足,包括:身体需要、情感需要、社交需要、智力需要及精神需要。

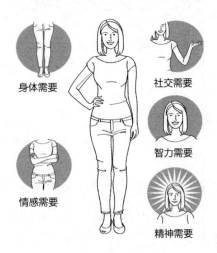

作为一个完整的人的需要

第 17 章
关注你的身体需要

Chapter Seventeen

你的身体是你的工具，需要得到很好的保养。身体会带你到你需要去的地方，让你从事做父母需要的所有体力活动。正如你所知，养育孩子是一项艰苦的工作，需要付出许多体力劳动，所以从现实的角度看，身体应该成为你给予更多关注的方面。然而，在我的经验中，身体需要是夫妻成为父母之后最先抛在一边的东西。有了孩子后，忽然之间，爸爸妈妈们不再锻炼，不好好吃饭，睡眠不足，甚至生病的时候也不去看医生。我不止一次听到过下面这样的话：

- 我没有时间吃饭。
- 花时间出去锻炼合适吗？
- 我没有钱去看医生，我宁愿把钱花在孩子身上。
- 我已经 4 年没有好好睡过觉了。

要记住，"磨快锯子"是多么重要，认为没有时间照顾自己是愚蠢的想法。如果你出去跑步一个小时，由你的伴侣照顾孩子，孩子是不会有问题的。而且，许多健身房都有托儿所，当你锻炼的时候可以把孩子带过去；或者他们会提供课程，允许你和孩子一起跑步或者骑行。

花时间好好吃饭不仅对你的身体有好处，也是你为孩子示范健康饮食的重要机会。同样，在需要的时候去看医生或者牙医，会让孩子懂得自我照顾的重要性。

获得充足的睡眠对你和孩子都是非常重要的。一旦你接受了这一点，你就会发现做计划变得容易了。比如，你可以和伴侣晚上轮流看孩子，让奶奶或姥姥来帮忙，这样你就可以解放一个晚上；或者你甚至可以找个护工来帮忙照顾孩子。解决办法是很多的，你只需要对这些办法保持开放的心态。

酒精和愤怒是如影相随的。大量证据表明，很多温顺的人喝酒后会变得咄咄逼人。不管酒精是你愤怒的原因，还是助长了你的愤怒，都要少喝酒。如果你酗酒，这个世界上就没有工具能帮你。适度饮酒，或者有节制地饮酒，从各个方面看对你的家庭都是有益的。

本书没有概述什么运动设施是可用的或什么东西是有营养的，在网络、书籍或者杂志上，可以找到大量丰富的、有帮助的信息。你要做的第一步是让你的身体需要正当化，让这种需要成为优先级而不会内疚；然后做一些调查，看看在新的家庭安排中什么是最有效的。去做吧，你会观察到你和孩子共同的发展和成长。

关注身体需要 1

加里参加我的养育课程时刚刚成为一名爸爸。他告诉大家，他感到无精打采、烦躁易怒且疲惫不堪。他认为这都是由于晚上要照顾小孩子引起的，他问其他爸爸们是不是有同样的经历。我询问加里日常的活动安排，他告诉我他之前一直跑步，但在有了孩子之后就停止了。

我向加里和其他成员解释，锻炼能提升精力，如果加里一周恢复跑步几次，他就能更好地应对晚上的熬夜和体力活。加里需要做的是保持他的精力。在那之后的下一周，他来上课时表示自己感到有活力多了，对孩子也更有耐心了。

关注身体需要 2

罗宾是一个高大、强壮的妈妈,做事雷厉风行。她在事业上很成功,非常忙碌,但对孩子们却脾气暴躁。她想让孩子们听话,像士兵一样行动,能立刻遵从她的命令。

我让罗宾做了一张她的日常时间安排表,这样我就能看到她的坏脾气的触发器是什么。我惊讶地看到她没有列出任何吃饭时间。当被问及这点时,罗宾承认她很少吃东西,如果吃的话,一般都是到晚上 10 点后孩子们都睡着的时候。

我跟罗宾解释说,她的行为表现得好像她不是人类,这对她自己和孩子们都没有益处。她没有理由不能坐下来和家人一起吃饭,这是一个基本的需要,但是被忽略了。一旦罗宾开始注意这一点,她感到自己没有那么容易发怒了。

关注身体需要 3

米米患有慢性咳嗽。她给自己诊断为病毒性咳嗽,但没有去看医生。咳嗽让她整夜睡不好觉,导致她持续疲劳,脾气暴躁。

几个月之后她决定去看一下全科医生,结果医生诊断的结果与她自己判断的不同,医生用药物对她进行了治疗。很快她就感到咳嗽好多了,精神状态也恢复了。她明显变得更放松,对孩子更有耐心了。米米决定以后生病时及时咨询专家,这样孩子就不必因为她的身体症状而受折磨。

> 😊 **尝试一下**
>
> 下次当你意识到自己长期容易发怒时,问问自己:"上次锻炼是在什么时候?有一个规律的锻炼计划吗?有规律地吃有营养的饭菜吗?睡眠充足吗?有没有去医生和牙医那里做定期检查?"如果没有的话,现在就做一个时间表,保证你的身体需要得到满足。你需要满足你的身体需要,你的孩子也一样!

第 18 章
照顾你的情感需要

Chapter Eighteen

就像你的孩子一样，你也是一个有情感的人。你需要感受到被爱、被接纳、被珍视，这些情感需要并不会随着孩子的出生而消失。所以，重要的是你要在婚姻中让爱情、关怀和亲密关系延续下去，使得你继续在情感上感到充实。而且，如果你没有从伴侣那里得到爱，你就可能会转向孩子寻求爱以让你感觉良好，这是一种不健康的系统。简而言之，让你和伴侣的关系在生活中占据头等位置，对你和孩子来说都有益处。

我曾无数次听到过下面这样的话：

- 既然我是一个母亲，我就觉得性是不好的。
- 我记不起来上次我和丈夫真正交谈是在什么时候了。
- 我妻子把我看作是一个精子供应者。
- 我现在最主要的事情是养家糊口。我必须长大，放弃浪漫的想法。

经营亲密关系是需要花时间和承诺的。"没有计划和努力，爱情会自然而然地发生"，这是一个错误的谎言。所以，每周都要拿出一定的时间和伴侣出去约会，在爱情关系上重建联结。把你的承诺写进日记里——我的经验是，如果这个承诺不被书面约定的话，浪漫约会的时间通常就会被其他事情挤占，比如孩子的游泳课。

你会注意到，有时候，当你们想出去约会时孩子会反对。不要向这个反对妥协，要坚定地相信你所做的都是健康的、必需的。观察一段时间，你很快就会看到，如果你不妥协，孩子会感到高兴和安全，因为他们知道爸爸妈妈彼此相爱。如果你的伴侣不是孩子的亲生父母，那么滋养你们的亲密关系，让你的情感需要得到满足也同样重要。当孩子逐渐成熟时，他们会珍视这一事实，即你有自己的生活，不会依赖他们来填满你的日子。

期待你的伴侣满足你所有方面的需要是不现实的！你的父母、兄弟姐妹、好朋友同样可以在某种程度上满足你的情感需要。如果你没有生活伴侣，那么寻求其他形式的情感补充至关重要。如果合适的话，你可以偶尔把重担交付给你的母亲，或者从你最崇拜的父亲那里得到指导，都会对你有所帮助。定期向兄弟姐妹寻求支持，不要害怕向朋友寻求帮助和认可，当你这样做的时候，你就会感到更能处理好日常养育孩子的烦心事。

照顾情感需要 1

弗兰克和娜奥米很少有时间单独在一起。他们不想花钱请临时保姆，所以很少外出。如果他们出去，也是去适合儿童的快餐店。

娜奥米发现她最近吼叫比较多，甚至在公共场合亦如此。她也注意到，孩子们在外出时变得退缩、不开心。她朝他们大喊大叫，结果大家都无法感受到外出的乐趣。不用说，娜奥米对她单调的生活和缺乏亲密关系感到沮丧和懊恼，孩子们从她的牺牲中也没有任何获益。

我向她解释道，如果她偶尔跟弗兰克单独外出，跟他有更多的情感联结，让自己玩得高兴，那么孩子们会获益更多。这种更大的愉悦感会洋溢在她的养育中。娜奥米需要学会的是"磨快锯子"，这样她才能从日常育儿中收获更多。

照顾情感需要2

莱拉自从有了第一个孩子之后，就感到自己不是性生物了。她怀念亲密关系，但不知道在这方面如何靠近自己的伴侣。她的丈夫似乎在拒绝她，她担心是她现在的身材（比较肥胖）困扰了他。沮丧让她常常没理由地呵斥孩子。而事实上，莱拉的丈夫穆萨是一个温和的男人，他感到莱拉对性缺乏兴趣，决定不去推动这件事。他也希望恢复亲密关系。

经过几次咨询，他们明白了他俩都需要在忙碌的一周内抽时间保持亲密关系。这需要大量的策划和组织工作，但几个月之后他们俩都感到这样的努力是值得的。他们都感到内心更加平和了，家庭氛围也不那么紧张了。

照顾情感需要3

菲尔感到自己在三重身份中挣扎：父亲、养家糊口者、伴侣珍妮丝的朋友。他认为告诉珍妮丝这些困难不是一个好主意，因为珍妮丝本人也在为养育孩子而焦头烂额。然而，即使菲尔没有说出来，珍妮丝也能感到有哪儿不对劲。因为他常常板着脸，显得疏远，不愿意交流。

在咨询中，我问菲尔他是不是愿意考虑把养育孩子的一部分责任交给他的父亲，他很吃惊。他从来没有产生过这个想法，但菲尔喜欢这个主意，因为他父亲是一个友善、体贴的人，值得被信任。菲尔开始定期给父亲打电话，感到被理解、被支持，得到了帮助。这缓解了婚姻中的紧张气氛，使得菲尔对家庭生活更加满意。

☺ 尝试一下

下次当你和伴侣争吵，或者对孩子吼叫时，审视一下你上次和伴侣分享感受、身体亲密，或者约会是在什么时候。如果是在一周多以前，那么就要致力于让你的爱情生活和情感分享变得井然有序。

第 19 章
重视你的社交需要

Chapter Nineteen

- 按重要性排序,我的孩子排在第一位,朋友排在最后。
- 我只能和妈妈们做朋友,因为这样孩子们可以在一起玩。
- 当我和朋友一起喝咖啡时,我就会感到内疚。有这么多事情要做,这似乎太放纵了。
- 我不想和妻子发生冲突,所以我从来不和朋友去酒吧,尽管我很想去。

你是不是也曾经说过类似上面这样的话?我经常听父母们这样说。唉,这就是父母,他们缩小了自己的生活范围,只是简单地做父母。说实话,这可不是聪明、理想的做法!

友谊是人的基本需要。向你信任的人吐露心事,分享你的喜怒哀乐,是人类最美妙的体验之一。不管我们的年龄多大,我们都会因为拥有珍贵的、有意义的友谊而快乐。

所以抽出时间和朋友面对面交流吧;允许你的伴侣在晚上和朋友一起出去,因为每个人都会因此而更快乐;和另一对伴侣一起出去踢一场足球,就像过去那样;参加学校聚会;和朋友一起庆祝你的生日;参加学校知识问答晚会……你过去喜欢什么,现在仍然可以享受其中。

让我再强调一次，当然，养育孩子是你的首要任务，你不应该在朋友那里花过多的时间。但是，你的孩子不应是唯一的关注点！你首先需要关注自己，照顾好自己才能更好地做好父母。不定期地会见朋友会给你充电，你的沮丧感也会因此减少。

和其他成年人社交可以让你表达自己独特的一面，这能让你的精神保持活跃。这不是奢侈品，而是生命的必需品。

重视你的社交需要1

朱迪认真地履行自己作为母亲的职责，想把最好的都给女儿，所以她决心在醒着的每时每刻都和孩子在一起。朱迪告诉我她已经忘记了如何大笑，如何说一个成人笑话，在女儿身边总是闷闷不乐。在同龄人面前，她感到格格不入，没有人能和她一起谈论养育孩子的喜悦和困难。

我给朱迪的建议很简单，她听完笑了起来。我让她和一个朋友取得联系，去喝一杯咖啡，一起聊一聊那些对她来说作为女人的重要的事情。她大笑起来，她笑自己已经和最基本、最本质的那部分自己失去了联系。

朱迪天性善于社交，在成为父母之前，有许多朋友。她很高兴我让她去展示社交才能。几周之后，朱迪打来电话感谢我。那天是一个晴朗的日子，当时她正坐在公园里和朋友一起喝咖啡，她的孩子正安全地和奶奶在一起，她说自己感觉好极了。她体验到策划这样的时刻原来是很容易的事情，计划以后每个月至少会见一个好朋友。她告诉我，在和朋友恢复联系后她再围着女儿转时变得不那么容易愤怒了。

重视你的社交需要2

菲尔曾经有许多朋友，他每周都要在当地酒馆里和朋友见面。在第一个孩子出生后，菲尔的妻子凯特要求他不要再每周去酒馆了，他妥协了。

几个月之后,菲尔抱怨自己受到了束缚,变得爱争吵了。凯特认为菲尔不成熟、自私。当凯特听到我说需要朋友很正常时,她感到很惊讶。

我鼓励凯特给菲尔一些空间,也给自己留出一些空间。她不情愿地同意他们每周有一个晚上轮流和朋友出去玩。令凯特惊奇的是,她发现自己的"牺牲"让菲尔对家庭更有责任感了。

重视你的社交需要3

克雷格和艾薇在约会的时候是爱社交的一对。然而,自从他们的第二个孩子出生后,他们就与朋友们失去了联系。他们变得只和孩子们的朋友的家长交往,变得很沮丧。结果他们开始经常争吵。

当我给他们咨询的时候,我解释说,他们恢复过去一起做的事情是很重要的。

社交是他们"二人世界"的主要部分,仍然是一个必需的出口。我也解释说,他们恼怒地参加孩子的生日晚会对孩子并没有益处。我向他们保证,每个月他俩出去参加几次社交活动,把孩子交由其他人照顾,完全没有害处。

☺ **尝试一下**

下次当你找借口不去见朋友时,问问自己是什么在阻止你。提醒自己,你是一个社会人,需要与同龄人建立联系。如果你有密友,你会很快乐,你的孩子也会从你的社交行为中受益,你的快乐也会溢满整个家庭生活。还有什么比这更好的呢?

第 20 章
满足你的智力需要

Chapter Twenty

许多女性感到，一旦她们怀孕就变笨了。孕期的女性可能会健忘、缺乏自信、优柔寡断。在孩子出生后，这种情况可能会持续。妈妈们感到她们能谈论的所有话题几乎都与生育和孩子有关，会经常说些这样的话：

- 我的脑子成了一团糨糊。
- 我记不起事情，不会算数，也做不了决定。
- 谁知道在这个世界上正发生着什么？我没有时间去读报纸。
- 以前的生活是可预期的、有序的，现在的生活乱套了，我无法应付。

在孩子成为家庭生活重心后，父亲们也经常受困于智力上的迟钝。每天 24 小时、一周 7 天都要应付婴儿的吃喝拉撒睡，导致诸如了解时事、跟上潮流等成年人的追求根本无从谈起。如果这种情况持续太长时间，对你和孩子都没有益处。

当你把大脑不只用于婴儿的喂养时刻表和足球花名册时，你的孩子会发展得更好。然而，让你的智力保持活跃是一件主观的事情，每个人都有自己的标准——关键是不要失去有孩子之前你曾拥有的智力

第 20 章　满足你的智力需要

追求。如果你在有孩子前喜欢研究学术，那么你应该在孩子出生的 6 个月内阅读一些能刺激思维活动的学术文献。最初，孩子的出生可能会消耗掉你所有的精力，你也许没有之前那么多的时间，但重要的是留出时间做智力上的练习，每天至少阅读 15 分钟，这会让你产生巨大的变化。

如果你不太注重智力活动，那就重新点燃你对之前心爱事物的兴趣。你会再次感到自己是一个成年人，你的孩子也会向你学习。

满足你的智力需要 1

罗克珊曾为成为一名律师进行学习准备，并且在班级成绩排名靠前。但她一有了孩子，就把所有精力都投入到了家庭中。虽然她从来没有为此后悔过，但经常感到动力不足，也感到"失去了自我"。当她非常聪明的 10 岁女儿问她一个问题时，矛盾激化了。女儿因为她没回答上来，说："哦，是啊，你只是一个妈妈而已。"罗克珊开始为自己辩护，开始对女儿大吼大叫，告诉女儿她曾经是多么聪明。

罗克珊前来寻求我的帮助，因为作为一个人她想感到更安全、更平静；她还希望女儿能从妈妈身上看到榜样，并意识到妈妈也可以是聪明而专业的。既然孩子们现在都上学了，罗克珊就有时间学习了。她决定在线学习第二外语，她很喜欢这种挑战。每天下午她和女儿同时做家庭作业，这是一个真正的联结体验。不用说，罗克珊感到自己更自信，也更能控制自己的情绪了。

满足你的智力需要 2

丹是一个医生，每天工作时间很长。他很喜欢做一个父亲，但最近他发现家庭生活很单调。过去他常常和妻子分享个案，现在他们似乎只能讨论尿布、洗衣液！丹的烦恼已经达到了一定程度，他也把这种烦恼发泄到了还是幼儿的孩子身上。丹之后来见我，让我去"修理"他的妻子：他想让我说服他的妻子去学习，重新变得有趣起来。他相信，如果他妻子更有趣一些，在家庭生活中就会更忍让，他也就会变得更友善。

对我来说，让丹明白管理自己的愤怒是他自己的责任，是项艰巨的任务。我教给丹一些愤怒管理工具，这发挥了作用。我还建议丹要对自己的智力需要承担责任，他可以在家里读书或者做游戏。丹选择了填字游戏，他发现这个游戏让他的智力得到发展，减轻了妻子的压力。随着妻子压力的减轻，家庭生活变得更加和谐，他也能更多地包容孩子了。

满足你的智力需要3

艾达热爱教学。有了孩子后，她就停止了工作，但她一方面发现整天待在家里说些婴儿的语言非常枯燥，一方面又对于自己想要重新工作的想法感到内疚，希望找到一种快乐的方法。我们一起坐下来讨论出了一个日程安排：她可以一周3次在家里教学。她向学生家长解释说，教学时她的孩子会待在自己的房间里，家长们对此都没有怨言。艾达感到自己受到了更多激励，对自己的孩子更有爱心了，跟孩子的互动也更好了。

☺ 尝试一下 ● ● ● ● ● ● ● ● ● ● ● ● ● ● ● ● ● ● ●

下次当你感到自己笨或者智力刺激不够时，要主动去改变这种情况。找到你喜欢的智力活动，然后适度把它引入你的生活中。找机会把它分享给你的孩子和伴侣，你会看到，你们的交流会更有意义、更加愉快。

第21章
识别你的精神需要

Chapter Twenty-one

每个人都有精神层面的需要渴望得到满足。有些人称之为"灵魂",有些人称之为"精神",还有些人将精神方面的需要作为他们的"存在意识"。有些人信仰一个有人格的神,有些人相信一种更高的力量,比如宇宙或者自然母亲。无论你认为自己的精神需要是什么,无论你如何定义它,滋养它都会带来巨大的收益。

积极心理学研究表明,过有意义的生活能导致真正的幸福。由维克多·弗兰克尔(Victor Frankl)提出的意义治疗也表明,找到生命的意义能提升个人的幸福感。因为拥有"更大的愿景"会极大地提高一个人日常生活中的安全感和满足感。

如果你有宗教信仰,就抽时间去做礼拜或者用你认为合适的方式去实践。如果你没有宗教信仰,那么可以找时间冥想,或者与大自然联结。祈祷和冥想不仅能滋养你的灵魂,也能从生理上让你感到平静,防止你变得爱发脾气。

除了这些实践外,找到更高的目标也能让每一天都有意义。我这里指的是,你不要把自己仅仅看作员工或父母。你还要看到自己在对社会和你的家庭做出的有意义的贡献。

让我分享一则寓言,以便更清楚地阐明我的观点。一个市长在自己的城市里散步，在建筑工地碰到三个人。他问第一个人在做什么，第一个人回答："我在把一颗钉子钉进一块木头里。"市长又问第二个、第三个人同样的问题，第二个人回答："我正在建造这座建筑物的框架。"而第三个人回答："我正在建造一座医院，以便这个城市里生病的人都能得到治疗。"

从表面上来讲，这三个人都是在把一颗钉子钉进一块木头里，但第二个人能看到整个建筑，而第三个人能看到这座建筑真正的意义和价值。

有时候把你的努力看作人生使命的一部分，也会产生意义感。当你把自己的热情、兴趣和能力组合起来善加利用的时候，你就会知道自己的使命是什么，你会充满能量地过好有使命感的每一天。这就是为什么人们会去追求像护士、教师和消防员这样的职业，虽然他们挣的钱并不多，但这些职业为人们提供了巨大的生活意义和满足感。

照顾自己的孩子和护理、教授别人的孩子一样有意义。当你关注的是更大的愿景，而不是育儿过程中的机械性事务时，你就会感到活力满满，少一些烦恼。

之前我们说过，如果孩子成为你生活的唯一目标，那么从长远看这会成为孩子沉重的负担。所以你找到另一个目标或者另一种使命很重要。做一项对你有意义的公益事业，为那些没有发言权的人代言谋取福利。当孩子长大一点时，可以让他们也参与到公益活动中。尝试追求一种让你和你的孩子更成功地应对一切的生活哲学。

重要的是从更大的愿景看待生活，而不是把生活仅仅看作洗尿布和做饭。让自己感到精神上充实很重要，这样你就能充满能量和活力，单单这样做就能让你极大地降低愤怒水平。

我意识到，这样做看起来也许是矛盾的。因为可以想象到，为社会奉献自己会让你感到疲惫，让你更没有精力来带孩子。然而，当你奉献的时候你会发现，你将有更多潜力去挖掘，你会感到能量满满，你会更快乐。这会帮助你每天都过得充满热情和能量。

识别你的精神需要 1

曼尼塔非常害怕陌生人，总是担心儿子在她的视线之外。这种无孔不入的焦虑表现在她平时总对儿子喋喋不休地说要小心什么人和什么东西。毫不奇怪，她的儿子也变得焦虑了。

曼尼塔承认，在有孩子之前，她并不害怕生活，但是自从有了孩子，她就变得特别恐惧和防御。我建议曼尼塔用不同的视角看待世界。于是她开始寻找精神方面的追求，她走近了佛教。这让她感到很平静，焦虑减少了。她也把这种佛教哲学教给了自己的儿子，儿子也信奉了佛教。从那以后，她不再对他讲道理，而是用平静和赋能的方式跟他讲话。她和儿子都感到更快乐了。

识别你的精神需要 2

雅尼克厌烦了总是换尿布、喂饭和摇晃孩子，他对周围每个人都有明显的消极情绪。他开始怀疑生活的意义，后悔自己曾经的选择，正在思考如何继续下去。

雅尼克的反应在父母中很常见，他们只看到育儿中的家庭琐事。我没有让雅尼克马上开始治疗，而是建议他去慈善机构做志愿者，在那里工作两周以后再回来见我。一个月以后，雅尼克给我打了电话。他承认那次咨询后他对我很愤怒，因为他认为我的建议是肤浅而荒唐的。然后他想反正他也不会失去什么，于是就去做了志愿者，给城市里那些无家可归的人送食物，一周去一个晚上。他的心情和态度立刻就改变了，这让他感到很吃惊。忽然之间他感到自己在对社会做贡献，而不仅仅是一个家庭妇男了。他也开始客观地看待自己的生活，对他所拥有的一切充满感激。这一切提升了他对孩子的爱，极大地降低了他的沮丧感。

识别你的精神需要 3

加布里埃尔感到生活很空虚，她已经实现了她所有的目标：婚姻，两个孩子，一所带有尖桩篱笆的房子。她原来一直认为或许下一个目标或者成就能让她充实，但她发现并非如此。她感觉很糟糕，一谈起自己的孩子她就开始抱怨。

我向加布里埃尔解释，快乐是有意义的副产品，充实感来自于给予，而非得到。经过一番反省，她决定利用自己的经验来教导他人。她成了一名生活教练，并发现能促进他人成长是非常有意义、令人满足的。她亲身体会到，幸福是给予和有目标生活的副产品，她也把这个观念传递给了自己的客户。

> ☺ **尝试一下** • • • • • • • • • • • • • • • • •
>
> 下次当你怀疑生活的意义、厌烦养育孩子时，可以把识别自己的精神需要作为你做出精神改变的触发器：承认你精神层面的需求，找到一条能满足你独特需求和想法的途径。

Applying these
tools in
daily life

第六部分
把这些工具应用于日常生活

第 22 章
组合学习

Chapter Twenty-two

　　记住你想成为什么人——你就能够成为什么人！把这本书放在你的床头，不时地浏览一下，提醒自己已经学会了所有这些"技巧"，以便让自己保持平静，而不是头脑发热。保持平静能给人以力量，这是一种奇妙的方法，能让你成为周围所有人的榜样，包括你的孩子。

　　最重要的是，你的孩子会因为你保持平静而感谢你。弗兰克，我们在本书开头提到的那位妈妈，已经注意到，自从她开始解决愤怒问题，她的家庭系统就有了很大的不同。她是我见过的最投入的学生之一，证明了运用这些策略是多么有效，为此我很感激她。然而，我最开心的是她现在如此快乐！

　　重要的是，弗兰克可以感谢她自己。她一直在不懈地努力采纳我在本书中所列出的这些方法。这位3个孩子的妈妈特别努力地内化这些新观念，她不再把每天的小差错看作是重大灾难。结果，她不再为自己照顾3个孩子有这么多事情要做而感到难过。每天早上起床之前，她都会深呼吸，让自己的内心充满爱和信任。她发现，这样做会让她更平静、更现实地面对育儿挑战。当她发现自己快要发火时，她最喜欢的工具是"戴上面具"。当她意识到自己的嗓门提高了，她就想象有人在旁边看着她，于是立刻提醒自己要保持最初的良好形象。

这时她会马上采用"体贴的妈妈"的人格面具，做出的行为就好像陌生人在观察着她的一举一动。这些改变组合起来，弗兰克感觉她能够控制自己的愤怒了。

还有其他方法吗？

你也可以成为一个像弗兰克那样的妈妈。让我们总结一下到现在为止你已经学到的东西。

很明显，一开始就不感到愤怒是理想情况。实现这一点有 5 种方法。第一种方法是真正改变你看待世界和生活的方式。这包括识别出你的非理性思维，代之以更理性的思维来安慰自己而不是让自己惊恐。然后认可并接纳你的孩子所做的大部分事情都是符合年龄阶段的、正常的，你会自然而然地发现，要像以前那样发火就不容易了。而且，你能用平静的、建设性的方式来纠正行为。

另外，让你的内心充满有益的情绪，也能防止愤怒。比如写感恩日记，宽恕，每天培养爱和同情，让愤怒没有入口进来。另一种防止愤怒的方法是改变你的行为。你真正想成为什么人，就做出那个人的行为。你越多地戴上理性面具，用平静的声音说话，当面临严峻情境时它就会越多地成为你的默认模式。

还有，当你每天练习深呼吸和放松技巧时，你就能真正改变你的生活哲学，在大部分时间里从"警惕"转变为"放松"。每天不止一次地练习放松技巧还能进一步加速这一过程，产生较好的效果。

最后，为了过平衡的生活，优先考虑你自己的需要，你会感到更加完整和充实。你再也不会因为鸡毛蒜皮的小事而大吼大叫了。

总结一下，如果你想要"治疗"自己的愤怒问题，就需要在生活中做

出改变，并每天练习这些改变，直到它们成为习惯。

征服你的愤怒就好像努力减肥一样，仅仅读一本关于健康和锻炼的书是不够的。你还需要购买不同的食物，计划健康饮食，生活得跟以前不同，直到新的生活方式成为习惯。这里没有捷径可走。但是，有一些简单的方法会奏效，它们随着时间的推移会变成自动的行为。

现在：活在当下

你可能不太确定自己是不是能真正完全停止发火。对自己宽容一点！理想就是指那些我们向往的，但不总是能实现的东西。记住，这是一个旅程，而不是终点！你是人，可能会偶尔变得愤怒。问题在于，你是继续把愤怒转变成敌意和暴怒，还是会选择不同的途径。

关键是要尽可能地识别出你的愤怒，并为此负责。你可以大声地重复说："是我让自己愤怒的。没有人有权力让我愤怒，除非我允许他们这样做。"

下一步是意识到你不必遵循本能来采取行动，而是可以做出不同的选择。高声说出来："我可以选择，我可以保持愤怒，甚至让愤怒升级，或者我也可以选择不同的反应。"除非你自己或者孩子处于危险中，在这种情况下愤怒是具有保护性的，否则寻找其他办法几乎总是更可取的。

> 你对不断增强的沮丧感的反应可以是"由内而外"的，也可以是"由外而内"的。这两种方法都会产生效果。你可以在现场选择一种工具，这取决于当时哪种工具引起了你的共鸣。

在不同的时间、不同的情境下，你可能会选择不同的策略，这也很好。"只要有效就可以"应该成为你的座右铭。没有一种"正确"的方法能适合所有情境。不过，你会发现，你更喜欢其中一些工具，它们会成为你对抗愤怒的日常工具。当你再一次开始感到失去控制时，你可以回顾一下所有的工具，然后使用其中的一些。不管你使用哪种工具，你会发现，你实际阻止住愤怒的次数越多，你就会越快地把愤怒转变为平静。把愤怒反应消灭在萌芽中，让自己变得平静，这已接近理想状态。

在你失控之后，该怎么办？

有时候尽管你努力尝试改变，但还是会变得愤怒并失去控制。如果出现这种情况，不要把时间和精力浪费在自怨自艾上。针对自己的敌意和针对他人的敌意同样具有破坏性。相反，你应该把刚刚发生的事情当作一次学习经历。下面这张表单可以帮助你立刻识别出哪里有问题，并协助你选择接下来可以使用的工具。

这张表单与我的畅销书《远离焦虑，远离毒品》中使用的表单是相同的。愤怒和焦虑是如影随形的（战斗/逃离），治疗也是相同的。降低焦虑和愤怒的最好方法是实践这个"四步流程"。

本书没有介绍使用该流程具体的方法，如果你希望最大限度地从该流程中获益，重新激活你的大脑，让自己不再愤怒，我推荐你阅读《远离焦虑，远离毒品》一书。你可以把它作为一本自助手册来使用。你需要做的只是把"焦虑"一词替换成"愤怒"一词。

愤怒管理表单

这个表单的目的是帮助你将每一个压力事件看作一个机会，以达到以下目标：

1. 更好地理解你自己、你的愤怒和你周围的人；
2. 使用工具去管理你的愤怒和敌意。

第一步：事件

当你变得愤怒时，简短地描述一下发生的事件。可以描述一些细节，比如时间、地点和人物，最后以"这是我开始产生愤怒的时刻……"这句话来结束。

_____

_____ 你的愤怒等级（0~100%） ☐ %

第二步：产生愤怒的过程

通过识别在事件发生时你的想法、感受、行为和身体反应来理解产生愤怒的过程。
在下面最能引起你共鸣的地方划对钩。

我害怕我已经失去了……
☐ 赞许　☐ 成功
☐ 控制　☐ 信任
☐ 合作　☐ 肯定
☐ 脸面　☐ 爱
☐ 尊重

这件事证明了我是……
☐ 愚蠢的　　☐ 彻底的失败者
☐ 不正常的　☐ 不自律的
☐ 无能的　　☐ 不幸的
☐ 懒惰的　　☐ 没用的
☐ 不负责任的

我担心会遭受……
☐ 精神崩溃
☐ 疾病
☐ 财务困难

我想要的是……
☐ 完全的控制　☐ 安宁
☐ 尊重　　　　☐ 生活平稳
☐ 成功　　　　☐ 面面俱到
☐ 完美　　　　☐ 所有答案
☐ 舒适
☐ 公平

主动的反应
☐ 暴力
☐ 咒骂
☐ 摔门
☐ 逃离
☐ 暴饮暴食
☐ 伤害自己
☐ 批评

被动的反应
☐ 太当真
☐ 放弃
☐ 自怨自艾
☐ 生闷气
☐ 被隔离
☐ 拖延
☐ 妥协
☐ 被控制

愤怒的感觉
☐ 可恶的　　☐ 精疲力尽的
☐ 激怒的　　☐ 被拒绝的
☐ 恼火的　　☐ 嫉妒的
☐ 敌意的　　☐ 害怕的
☐ 愤慨的　　☐ 被利用的
☐ 惩罚性的　☐ 孤独的
☐ 憎恨的　　☐ 被抛弃的
☐ 报复性的　☐ 内疚的
☐ 无助的　　☐ 被侮辱的
☐ 看不到希望的　☐ 困惑的
☐ 失望的　　☐ 不抱幻想的
☐ 悲伤的　　☐ 被误解的
☐ 受攻击的　☐ 受困的

我感到不舒服，因为我正在经受……
☐ 战栗
☐ 恶心
☐ 手心出汗
☐ 胃痛
☐ 心跳加速
☐ 日常紧张
☐ 疲乏
☐ 焦头烂额
☐ 头痛
☐ 口干舌燥
☐ 牙关紧闭
☐ 呼吸急促

第三步：降低愤怒的过程

以"我意识到自己在发脾气，我可以选择……"这句话开始，这是自我领导力和相信自己有能力处理这种情况的一个步骤。

选择有帮助的想法：

我选择中立
他不是故意要伤害我，他已经尽力做到最好了。

我选择现实主义而非理想主义
生活会有许多困难，我会根据需要降低或提高标准。

没有对错
除非是道德问题，否则我会把它简单看作是观点和品位的不同。

我选择积极的整体观
即使这件事是消极的，但他的行为从整体上看也是积极的。

我交出控制权
既然我改变不了这种情况，我选择放手随它去吧。

我选择客观地看待这件事
这件事不是一个灾难，因为它对于生命没有威胁。所以我可以把它看作一件生活小事，一个需要被解决而非夸张化的正常的生活问题。

我选择把这件事看作平常事，它属于正常范围内
这件事不是一个特例，许多人都会有类似的经历。

这是暂时的——"它也会过去"
生活是不断变化的，会经历不同的阶段，这一情况也将会改变。

恐惧还是事实？
为什么要恐惧？可能它压根儿不会发生！

我选择把专注点放在把它看作是一次学习经历上
每一个发生的问题对我来说都是一次了解我的优势和劣势，了解其他人和生活的机会。

感受让人感到安慰的情绪：

我选择感受温暖、关爱的情绪。我通过专注于我的内心，让爱、信任、宽恕、同情、希望或者感恩充满我的心间，从而来感受这样的情绪。

建设性行动：

我选择分步骤解决：
我会把繁重的工作分解成可管理的若干部分。

面对困难：
我会直面我恐惧的事物，在行动上表现出自律。

我选择解决问题：
我要通过采纳建议或者做调查来找出解决方案。

让自己处于优先级：
我会通过与朋友见面、锻炼身体，或者大笑，来让我的生活保持平衡。

分散注意力：
我不会因为这件事让我一整天都阴云密布，现在我要把注意力集中在其他事物上。

使用平静策略：

当我
- 放松
- 跑步
- 躺下
- 看电视
- 爬进想象中的直升机
- 练习正念/冥想

- 深呼吸
- 冲澡
- 阅读

我的头脑和身体会平静下来。

第四步：自我激励的过程

不管是多小的进步，都要认可自己的所有成长，如果在过去，我会……

_____
_____
但这次，我……
_____
_____

当你克服了自己的愤怒时，
在你提升的品质上打钩

- ☐ 慷慨　　☐ 尊重　　☐ 勇气
- ☐ 友好　　☐ 诚实　　☐ 责任
- ☐ 同情　　☐ 公平　　☐ 可靠
- ☐ 体贴　　☐ 耐心　　☐ 忠诚
- ☐ 有帮助　☐ 平和　　☐ 爱
- ☐ 自律　　☐ 原谅　　☐ 谦逊

给你的愤怒打分
（0~100%）

_____%

Gaining
Cooperation

第七部分
获得合作

though # 第23章
建立自尊

Chapter Twenty-three

作为一个有爱的父母，你的首要任务是培养一个快乐的、适应能力强的孩子。这就是为什么你要温和而友善的原因。但是当事情需要完成而孩子不听话时，你便会不知不觉地陷入愤怒的陷阱，变成了你不想成为的那种父母。你的愤怒和沮丧会导致你变得严厉、刻薄和冷酷，最令人心烦意乱的是，经验向你表明，"甜心"或者"坏蛋"并不会因此改善他们的行为。

你准备好受到激励了吗？

对愤怒说"不"，对低声下气说"不"，对建立自尊说"是"。

建立自尊应该是你育儿实践中最核心的一个关注点。

为什么？

一个有良好自尊的孩子一般不必受到强迫就会表现良好。这是因为当孩子喜欢他自己时，就会用令人喜爱的方式来行动；此外，当一个孩子感到在世界上情感不匮乏时，他就会追求健康的行为，用负责任的方式来行动。

想一想你自己。当你感觉良好时，如果有人请你帮忙，你会很乐于助人；然而，当你感觉自卑或无能时，你会用消极的方式解读这个请求。你可能会想"他认为我是他的奴隶"，或者"她正在利用我"，你就会不愿意去帮忙。

自尊运动

20世纪60年代心理学家们开始从行为主义转而拥护人本主义心理学理论，这时自尊开始创立并流行。行为主义理论认为，人们会对强化作出反应，并不需要太多思考或者意识。许多为了纠正孩子的行为而建议"教训"孩子，采取惩罚措施的方法都是基于行为主义心理学。惩罚关注的是消极行为，而不是孩子的内在动力。

而另一方面，人本主义心理学强调自我和自我反思的能力。研究已经表明，一个人对自己的看法会影响幸福程度、学业成就、工作满意度以及拥有令人满意的长期关系的能力。

"自尊运动"诞生于50多年前，当时父母和教育工作者都接受了这一理念，并努力提高孩子的自尊。然而，在实践中，事情的发展却与最先的期待不同。

随着时间的推移，孩子们的自尊水平不但没有提高，反而下降了。儿童和青少年焦虑和抑郁的比例一直在上升。

到底哪里出了问题？"建立自尊"的倡导者们犯了一些普遍的错误，包括：

- 没有学会如何管理他们对孩子的挫败感。仅仅认为建立自尊是核心，并不足以引起改变。控制自己的愤怒必须先于有效育儿，因为当愤怒悄然来临时，最好的意图和卓越的知识都会被抛到九霄云外。

- 专注于奉承，试图建立自尊，因此忽视了其他一些核心品质，比如培养掌控感和自主感。过度奉承会给孩子带来巨大压力，因为他总是要表现得很棒。而有帮助的赞美是具体而有针对性的，才是有效果的。

- 对孩子的肯定没有和行为联系起来。在20世纪70年代，肯定是建立自尊的核心，比如经常在课堂上通过笑脸贴纸表现出来，比如"我很可爱""我是最棒的""我能做任何我想做的事"。但是，没有和行为联系起来的肯定只是夸夸其谈，不会产生积极的效果。仅仅告诉孩子他们是受欢迎的、可爱的成功者，而没有确凿的证据，听上去不那么真实可靠。

- 热情高涨地提供大量的物质产品，试图创造出快乐的儿童。每一个新玩具带来的快乐都是短暂的。持久的快乐来源于有意义的生活，来自奉献，而非索取。

- 保护孩子免遭所有可能的疼痛和困难。"直升机父母"站在孩子旁边，一旦孩子摔倒就把他们扶起来。这给孩子传递的信息是："摔倒是一个灾难，孩子无法应对"。这对于建立自尊没有任何益处。

- 相信这样一个神话：孩子可以成为他想成为的任何人。父母喜欢相信，小约翰或者珍妮可以变成他们想成为的任何人，只要他们足够相信自己。只要足够努力地去想象成功的画面，相信这样的恭维，然后就是见证奇迹的时刻。瞧吧！这个神话成了导致压力和失望的因素。良好的自尊来源于接纳自己的优势和劣势，利用自己所拥有的去行动。

- 自尊和自私是相辅相成的。孩子们被鼓励首先把自己放在第一位，即使以牺牲他人利益为代价。但实际上，良好的自尊来源于拥有良好的品德、关心他人和做好事。

自尊的简单定义

我把自尊定义为"喜欢自己并感到内心富足的能力"。我把"自我价值"和"自尊"两词交替使用。拥有良好的自尊就是一个人感到自己有价值。

这并不意味着你是最好的,或者你能在一千人面前进行演讲。相反,这种感觉是内在的平和,感到你可以自在地做自己;你接纳你的优势,也接纳你的劣势;尽管你渴望成长,但你并不会因为现在的不足而讨厌自己。

建立正确的自尊

让孩子建立自尊是你所能做的最重要的事情之一。它不仅能提升孩子的幸福感,改善孩子的行为,还能为你提供可以把控的积极的准则。

建立自尊需要你进行长期的行为改变,而不是短期的补救措施。它需要由内而外地塑造性格,而不是调整特定的行为。

你能够做到!

建立自尊的三块基石

良好的自尊来源于三块基石:

1. 联结。孩子的行为不是凭空产生的。他感受到来自重要他人的爱和珍视是非常必要的。

2. 掌控感。行胜于言。给予孩子充分的机会去获得成就,这比奉承和肯定要有效得多。

3. 自主感。孩子是独立的个体,有自己的信念、看法、喜欢和不喜欢的事情。鼓励孩子成为最好的自己,允许他有个体差异存在。

第 24 章
建立自尊的第一块基石：确保孩子感受到与你的联结

Chapter Twenty-four

当你用一致的、健康的方式来爱孩子时，就会让孩子感受到安全和信任。而且，他也将会喜欢自己，感到快乐，并且更乐于合作。

向孩子表达爱的 8 种方法

1. 清晰地表达你的爱

用语言坚定地表达出你的爱。在每次和孩子谈话结束时习惯性地说一句"我爱你"是没有意义的，而每天在一个安静的时刻向孩子真诚地表达爱，就会恰到好处。

不要只是在孩子表现"良好"或者在一件事上成功时才向孩子表达爱，因为这会被认为是有条件的爱。

用行动来表现你的爱。不管你说"爱"孩子多少次，如果你频繁地让孩子失望，比如迟到，不遵守诺言，或者孩子需要你的时候你没有帮上忙，孩子就不会相信你的话。

要成为孩子最大的同盟军和铁哥们儿。当你在背后支持他时，他就会真正感受到爱，即使他犯了错误。

> 你在参加一个生日晚会，你3岁的儿子汤米把红色饮料洒在了白色地毯上。如果你当众指责汤米，他就会感到羞愧和害怕；而当你去帮汤米挽回面子，他就会感到被爱和受保护。理想情况是你对汤米这样说："让我来帮你清理吧，汤米，谁都可能会洒饮料。真遗憾饮料洒到了白色地毯上，但幸运的是它可以被洗干净。"

保护你的孩子，远离虐待。当今虐待正在暴露出来，被认为是一个真正的危险。可悲的是，通常施虐人是家庭成员或者亲近的朋友。如果你了解到孩子正在遭受语言上、情绪上、身体上或者性上的虐待，你必须保护孩子。这是个艰巨的任务，因为这通常意味着你会失去和施虐者的关系。

> 萨利和约翰结婚了，约翰看上去是一位慈爱的继父。萨利爱约翰，相信约翰是她得到幸福的第二次机会。当她怀疑约翰性侵女儿玛丽时，她把这个念头从脑海中赶走了。她为自己找借口，拒绝相信这是真的。她不想毁掉和约翰的关系。
> 玛丽长大后揭露了性侵的事实。她发现母亲曾经怀疑过这件事但却什么也没做。玛丽永远也不会原谅她的母亲。由于母亲没有保护她，导致玛丽的价值感很低。

不管你向孩子表达多少爱意，如果不采取行动保护孩子，都会削弱爱的真实性。这也会让孩子不相信任何人，不管是在短期还是在长远的未来。

2. 任何时候都要尊重孩子

持续的不尊重和羞辱会削弱孩子的自尊。下面是不尊重孩子的一

第24章 建立自尊的第一块基石：确保孩子感受到与你的联结

些例子：

- 在孩子面前高谈阔论，就好像他们不在房间里一样。
- 辱骂孩子。
- 推搡孩子或拖拽孩子。
- 拧孩子。
- 嘲笑他们的错误。
- 侵犯隐私。
- 忽视。
- 故意做他们请求你不要做的事情。
- 不经询问就拿走孩子的物品。

不管你的孩子多小，都要尊重他们。如果你不确定你的行为是不是不尊重孩子，那么就问问自己："我希望别人用我对待孩子的方式来对待我吗？"如果你不愿意，那么就改变你的方法。

> 怀特夫人常常骂儿子彼得勒斯是弱智、傻瓜、笨蛋、白痴。当她辱骂彼得勒斯的时候，彼得勒斯感到自己是被贬低的。在公共场合，他恨不得有个地缝可以让自己钻进去。
>
> 怀特夫人的辱骂让彼得勒斯的行为变得更聪明或者更负责了吗？一点也没有。这只能让他感到匮乏、不被接纳、不被欣赏，因为担心失败而害怕尝试新事物。这也让他怨恨母亲，尽可能地疏远母亲。当彼得勒斯成年后，他认为自己很愚蠢，在别人面前经常感到很羞愧。

3. 给予有益的赞美

奉承是没有益处的。当你告诉孩子他们"就像莫扎特一样"，是

"世界上最聪明的孩子",或者是"最棒的人"时,并不会建立孩子的自尊。

如果我对你说,亲爱的读者,你是"我遇到的最聪明的人",你一定会有下面这些想法:

- 她想从我这里得到什么东西。
- 她疯了/她真蠢/她不擅长判断性格。
- 她是一个不真诚的人,所以我再也不敢相信她以后说的任何事情了。
- 她在向我施加压力。
- 她判断的标准是什么?

我的赞美既没有被你接受,也不会提升你的自尊,只会让你感到不舒服,充满怀疑。

相比奉承,有益的赞美是这样的:"亲爱的读者,我很感激你肯花时间阅读我的书。作为父母,很明显你在努力提升自己的能力,这表现了你对孩子的爱和支持。"

我的赞美是符合事实的、现实的。我敢打赌你会对自己作为父母感觉良好。

有帮助的赞美意味着注意到孩子做的事情,并现实而积极地描述它。听起来就像下面这样:

- 当你在操场上奔跑时,我注意到你意识到自己是团队的一员,把球传给了前锋。
- 这幅画很具有张力,整个画面都充满了流动感和色彩感。
- 我喜欢听你朗读。我听到你现在已经能读出含有5个或更多字

第24章 建立自尊的第一块基石：确保孩子感受到与你的联结

母的单词了。
- 谢谢你摆放桌子。我看到你不仅摆放好了刀叉，还放好了餐巾纸和玻璃杯。这表明了你的主动性。
- 在钢琴前面坐30分钟演奏曲子说明了你的坚持和决心。我很高兴看到你努力掌握弹奏钢琴的技能。

有益的赞美能建立孩子的自尊，因为他们感到自己得到了认可、关注和关心。你所说的内容有助于构建他们的自我认知，因为这是真实的、符合事实的。

4. 训练自己寻找闪光点

大部分我认识的父母都承认，他们的日子充满了消极的评论和指导，"梳好头发""站直了""做作业去""吃饭时嘴不要发出声音""不要用这种语气跟我说话"，等等。

想象一下，如果有人整天盯着你的缺点你会有什么感觉。你会感觉受到打击，信心不足，感觉很糟糕。而这正是孩子的感受。

如果你能训练自己寻找到孩子的闪光点，而忽视"不好"的方面，将会帮助孩子建立自尊。下面是关于关注点的问题：

- 不要说"停止制造噪音"，而要说"做得很棒，放学后的前半个小时你都很安静"。
- 不要说"你这次考试只考了75分。那25分你丢在什么地方了呢？"而要说"我看到你75分的题目都做对了"。
- 不要说"布莱恩都3岁了，夜里还戴着尿不湿"，而要说"布莱恩白天不尿裤子了，在学校再也不需要尿不湿了"。

当你在经历跟孩子之间的麻烦时，你可能很难找到孩子的闪光点。没有什么比这些艰难时刻更重要、更有帮助了。你要更深入地去挖掘，孩子总会有一些积极的行为，比如冲马桶，微笑，安静地坐了一分钟，或者睡了个整宿觉。

你会惊奇地发现，关注孩子的闪光点能让孩子的行为产生改变，并建立他的价值感，提升他的幸福感。

5. 一起度过时光

爱和联结需要时间。爱一个人但却从来不看他，并不能滋养感情或信任。把你的时间优先分给孩子，确保你能观看孩子的足球训练，去听孩子的音乐会，一起吃晚饭。

每天要抽时间和孩子聊天。即使你在出差，或者不跟孩子住在一起，重要的是要每天都要有联系。如今科学技术使得这一切变得容易实现。要跟上孩子的行为，记住他们在做的事情。

安德烈是一个矿工，需要连续工作六周才能回一次家。每天晚上他都会在晚饭时间和家人用 Skype 沟通，并和孩子们在同一时间吃饭。他做笔记记下孩子们的活动，联系时会询问："你今天考得怎么样？晚会有意思吗？"虽然晚饭不能面对面地一起用餐，但安德烈优先安排这个在一起的时间，与孩子们保持了紧密的联结。

你陪伴孩子的质量是重要的，要努力保证人在心也在。

想象有一次你和朋友一起吃午饭，结果他们边吃午饭边打电话和别人聊天，你会感觉很糟糕，感到被排斥。如果你和孩子虽然身体在一起，但精神不在一起，孩子会有同样的感受。

享受你们在一起的时光。从孩子独特的个性和滑稽的举止中获得乐趣，这样他们长大后就会感到自己是一个受人喜爱的人。

6. 把安全放在首位

当然你可能已经确保孩子是安全的：你把家里的药物锁起来，过马路时牵着孩子的手，给青春期孩子讲毒品的危害。这些都是身体上的安全。情感上的安全也同样重要。

> 当你保持一致、可信赖并设定界限时，你就是在提供情感上的安全感。

斯卡利特有一个常规的睡觉时间。每天晚上当她想方设法用各种招数拖延睡觉时，她父母都会保持一致地执行这一常规。斯卡利特感到安全，因为她知道父母可以掌控，保证她在晚上能睡一个好觉。

相反，帕特丽莎发现，只要她稍微一反击，她的父母就妥协了。有那么一段时间帕特丽莎感到自己胜利了，但很快她就感到害怕。谁是轮船的掌舵人？帕特丽莎还是她父母？如果是她的话，那真的是让人恐惧，因为她刚刚4岁，她对世界了解什么呢？

想象你在一次航行中，你想要决定航行路线，即使你对于水流、风向或天气一无所知。船长说："好吧。即将有一场暴风，但因为我是那么爱你，不想让你难过，所以我会按照你想要的路线航行。"如果船长真这么说，那么他就是一个大傻瓜。

一个好的船长会坚定地说："走那条线路不安全。我来做决定，因为我是船长，我可以掌控，我有这方面的知识。我很高兴你能在航行中找到乐趣，享受旅行的快乐。但是，说到安全和抵达目标，我必须保持坚定，并做出明智的决定。"

你，亲爱的父母，是家庭中智慧的船长。你拥有孩子没有的经验和洞察力。有时候由于孩子施加的巨大压力，你坚持自己的立场会很困难，但是你必须坚定地保护孩子的安全。

作为慈爱的父母，你需要划一条界限，孩子所做的决定超出这条界限就不再是安全的。这不会伤害你的孩子，也不会伤害你们的关系。相反，设定清晰的界限能帮助孩子感到安全和有保障，促进他们自尊的发展。

你可能希望在下面这些领域设置界限：

- 吃什么食物——健康的食物。
- 作息——确保有充足的睡眠。
- 不允许伤害自己或者他人——不允许暴力。
- 不允许损坏东西。
- 尊重父母——你是父母，让孩子对你说的话和行为保持尊重是必要的。
- 父母的隐私——让孩子知道你有自己的空间，有时候你需要关门独处。

7. 提升健康的身体形象

健康的身体形象有助于增强自尊心。评价孩子的身体时不要把关注点放在外形上，而要放在功能上。换句话说，不要关注美貌和苗条，而要强调健康，以及身体有这么多复杂功能是多么棒。

有帮助的评论包括：

- 你的双腿是多么强壮啊，看它们可以让你走这么远的路。
- 当你醒来的时候，你蓝色的眼睛炯炯有神。
- 你的手指现在能抓住一把刀子、一个叉子和一支铅笔了。这说明你的运动协调能力很好。

- 当你弹钢琴的时候，你的左手和右手可以协同工作，这难道不是很棒吗？

通过身体接触向你的孩子表露感情，这会提升孩子的身体形象，因为它能帮助孩子喜欢自己的身体。孩子们喜欢通过身体来表现感情，包括亲吻、拥抱、咯吱、轻抚、按摩。不同的孩子喜欢不同的接触方式，所以你需要对孩子的个体需求保持敏感。

8. 鼓励孩子与他人建立关系

一旦你的孩子已经和你形成了牢固的联结，他们就拥有了爱他人和被爱的能力。鼓励孩子和你的伴侣、祖父母、兄弟姐妹、姑姑姨姨、叔叔舅舅、表（堂）兄弟姐妹以及朋友建立关系。拥有联结、爱和支持会建立孩子的价值感和幸福感。

> ☺ 尝试一下
>
> 下次当你要求孩子做事而他们不听的时候，使用愤怒管理策略来保持平静。然后思考一下，他们不听你的话，是不是因为他们没有感到被爱或者没有感到安全。帮助孩子促进自尊的建立，要致力于长远的改善和坚持。

第25章
建立自尊的第二块基石：提供让孩子体验掌控感和胜任感的环境

Chapter Twenty-five

构建自尊的第二块基石是掌控感和胜任感。可以通过以下两种方式建立掌控感：

1. 鼓励孩子自己做力所能及的事

● 在孩子很小的时候，就可以让他来帮忙。幼儿喜欢扫地、拖地，大一点的孩子在为聚会晚餐摆桌时感到自豪，而青少年展现出自己"精通技术"时会感到自我满足。你放手交给孩子做的每一个小行动都会有助于建立他的自尊。

格洛丽亚认为自己是模范母亲和家庭主妇。她的家里总是特别整洁，孩子的衣服总是很干净，她的日程安排和常规生活就像钟表一样准确运行。格洛丽亚通过亲力亲为做一切事情来取得这样的效果。她清洁所有房间；确保每次孩子游戏过后收拾好玩具，每天晚上她都要准备好孩子们的衣服，这样第二天他们只需轻松穿上即可。

格洛丽亚很高兴，但孩子们不高兴。孩子们感到自己没有个性，也没有自己的空间。他们感到自己的观点和品位都不被受到重视，他们就像物体一样被对待。当孩子们小的时候，格洛丽亚可以按照自己

第 25 章　建立自尊的第二块基石：提供让孩子体验掌控感和胜任感的环境

的方式来进行。后来她不得不处理孩子们两个极端的表现，一端是高度依赖、没有安全感的孩子；另一端是反叛的、非常有个性的孩子。给孩子们机会让他们有自主感，就可以很大程度上规避这些潜在的问题。

为孩子做得太多，传递的是对孩子能力的不信任。不要着急去"拯救"你的孩子。要允许他们为了自己能够胜任的行为而努力，直到他们成功地提升抗挫折力和自尊。

你10岁的儿子要完成学校的一个项目。给他空间和时间，让他去搜集需要的信息并运用它。当他靠自己的努力成功完成的时候，他就会体验到一种美妙的胜任感、自主感和内在力量。

你这样做并不是在忽略孩子，当孩子需要的时候，你可以在他的身边提供支持。你对孩子的行为感兴趣，是他可以求助的对象。如果孩子出现沮丧情绪，需要你出面时，你就可以重新参与。有时候你可能需要激励孩子继续坚持下去，你给孩子的关键信息是"我支持你，我相信你，你能行"。

- 一次一小步来建立掌控感。不要给你的孩子不符合年龄发展阶段的任务。

马尔吉在做字谜题上有困难。她的妈妈先给了她4行的字谜，然后等待，直到马尔吉在这些字谜上得了高分；然后妈妈又给了马尔吉8行的字谜，让她一直练习，直到对马尔吉来说这些字谜已经很简单；在那之后，妈妈再慢慢地增加了一些16行的字谜……马尔吉的妈妈观察到，慢慢地前进，有掌控感，给了马尔吉继续到下一个难度的信心。她也意识到，对于马尔吉有困难的所有任务都需要用同样的方法。

- 当孩子能力不足的时候，可以给孩子提供成功的经验。有时候孩子可能会很抵触，他会认为自己是无能的，所以你应该谨慎地给孩子提供成功的经验。

你8岁的儿子丹尼尔不擅长足球，他了解这一点。他感到自己比其他的孩子差。作为体贴的父母，你希望提供成功的经验来建立丹尼尔的自尊。

有这样一些选择可以考虑：你可以让丹尼尔参加额外的足球辅导，这样他可以提高足球技能；你也可以让他放弃足球，选择另一项他比较适合的体育运动；或者，你也可以放弃所有的体育运动，把注意力放在另一项丹尼尔感到胜任的活动上（比如音乐）。

如今，"直升机父母"的养育方式在泛滥。父母对孩子过度保护，为他们做一切事情，认为这才是表现爱和建立自尊的方式。

这是不正确的。

过度保护是在告诉你的孩子，他们是没有能力的，是需要被照顾的。这强化了不安全感和依赖感；这还会让孩子更不愿意合作，因为当孩子长大后期望你来做所有的事情。

父母要往后退一步，允许孩子自己穿衣吃饭，自己整理床铺，自己做作业，自己打包午餐盒，自己选择要读的书，合适的情况下可以做志愿者。

当你相信孩子的能力时，他们的自我价值感会提升，自信心和抗挫折力也会提高。

第25章 建立自尊的第二块基石：提供让孩子体验掌控感和胜任感的环境

2. 塑造孩子良好的性格特征

不是每一个孩子都是天才，但每一个孩子都会形成自己的性格。当一个人展现出良好的性格时，自我尊重和自我价值感就会增加。

性格特征包括：

- 慷慨 勤奋
- 友好 感恩
- 同情 谦逊
- 体谅 有秩序
- 乐于助人 坚持
- 恭敬 成长
- 诚实 尊重自己
- 公平 尊重他人
- 耐心 积极
- 平和 灵活
- 自律 机智
- 宽容 果断
- 勇气 忠诚
- 有责任心、爱心
- 可靠 谦虚

阿夫伦来咨询我关于如何帮他的儿子马克建立自尊的问题，他发现这件事很难。因为马克足球踢得不太好，他的球队经常输掉比赛，为此马克感到伤心和自卑。阿夫伦感到他不能在马克表现不好时撒谎说马克表现很好。

阿夫伦曾试着说"这只是一场比赛而已""真正的胜利者都能输

得起""十年后你甚至都不记得这场比赛了"。不用说,这些评论让马克感觉更糟糕了,现在阿夫伦还感到自己被误解了。

我教给阿夫伦如何有帮助地赞美,把赞美跟性格联系起来。我建议说,与其把比赛失利(这对马克很重要)说得无关紧要,他可以这样说:"马克,你整场比赛都坚持了下来。我注意到不管比分如何,你一直战斗到了最后。你也没有责怪队友,对队友表现出了尊重,并接受了失败,这表现了你对球队的忠诚。我为你的良好性格感到骄傲。"

不管孩子的能力或者成就如何,总有一项性格特征可以得到加强,这反过来又加强了自尊。比如,"卡莉,我知道今天晚上你没有拿到奖项一定很难过;但是你能坐在那里为同学鼓掌,这表明你有许多重要的性格特征,比如谦逊、积极、无私和慷慨"。

为他人服务

当一个人找到目标时,自尊就会蓬勃发展。当一个孩子意识到他有一些东西能给予他人,他能发挥作用时,他的自尊就会得到发展。

鼓励你的孩子为他人服务,可以是家庭成员,比如上了年纪的祖辈。3岁的孩子都能每周给奶奶/姥姥烘烤饼干。对青少年来说,成为有特殊需求孩子的大哥哥或大姐姐可以极大地促进他们建立自尊。另外,社区团体总是需要志愿者,让孩子们加入当地委员会的大扫除日,当他们把自己看作更大社会的一分子来回馈社会时,你可以观察到孩子脸上泛着光芒。

善用金钱

每个家庭对金钱、零花钱和家务活的态度都不尽相同。我认为金

第25章　建立自尊的第二块基石：提供让孩子体验掌控感和胜任感的环境

钱可以成为教给孩子重要价值观（比如储蓄、慈善和分清轻重缓急的一条途径，同时金钱也能提升自尊，因为成就是可以量化的。

丽安娜一周可以得到10美元的零花钱。她的父母告诉她，她可以把这笔钱花在买棒棒糖上，也可以把钱存起来。丽安娜决定把钱存起来。6个月之后她有了一笔200多美元的巨款，她真为自己感到骄傲。当她用自己的钱买数码录像机时，她感觉自己像冠军一样了不起。

艾登是一个普通的少年，他的朋友们都擅长体育运动，他因此感到自卑。他父母决定为他所做的额外的家务活付钱给他，比如给草坪割草和洗车。当他的贡献真正意义上得到了认可，他感到自己是有价值的。随着艾登银行账户中存款数额的增多，他有了确凿的证据表明他在某些事情上取得了成就。很快他就有了一笔小生意，开始清洗邻居的车。他的价值感与日俱增，他明白，他有自己独特的能力，而成年人愿意用金钱来认可这些能力。

☺ 尝试一下 • • • • • • • • • • • •

下次当你的孩子不优秀时，寻找一些方法来塑造性格。然后想一想你能精心策划哪些可能的活动，让孩子为未来建立掌控感。

第 26 章
建立自尊的第三块基石：允许孩子在观点、品位和选择上有自主权

Chapter Twenty-six

作为孩子，当真正得到肯定时，就会很容易喜欢自己；而当父母用言语或行为告诉孩子，他的所思所想、所作所为不正确时，他很难认为自己没问题。

作为父母，当孩子很像你时，你很容易接受他们；当他们和你不同时，接受他们就很难了。你就是不能"理解他们"。例如：

- 你希望女儿穿牛仔裤，可是她却喜欢穿百褶裙。
- 你梦想儿子像你一样成为一名优秀的运动员，但你敏感的儿子想成为一名社会工作者。
- 你喜欢吃肉，但你的青春期孩子却是一名素食主义者。
- 你不喜欢政治，但你的有理想主义的青春期孩子却每天都想和你讨论政治问题。
- 你很冷静，但你的孩子却是一个小题大做的人。

在你有孩子之前，你不知道你的孩子会与你如此不同，你不知道孩子从子宫里出来时就带着他们自己的个性和做事方式，你相信你能

第26章　建立自尊的第三块基石：允许孩子在观点、品位和选择上有自主权

够塑造自己的孩子。但现实表明，他们可不是那么容易被摆布的。你的孩子是他自己。

你要做的是尊重孩子看待事物和做事的方式，即使与你不同。这会帮助孩子建立自主感，进而又会增强自尊。我知道，这不容易做到，但绝对值得去做。

劳拉是一个有艺术气质的孩子，她喜欢穿颜色鲜亮的衣服。当她还小的时候，妈妈很娇惯她。但当劳拉快到青春期时，她的妈妈认为她看起来太荒唐了。有时候她会坦率地告诉劳拉换件衣服，有时候她会拉下脸来。不管哪种方式，劳拉都感到自己被贬低了。她知道妈妈不同意她独特的穿衣风格。同时，劳拉还是劳拉，她不会因为妈妈的态度而改变。

萨缪尔是一个聪明的孩子，喜欢读历史。有时候他希望跟爸爸讨论战争，爸爸就会说类似这样的话，"你知道什么呀？你当时又不在那里"，或者"不要指望你的小脑袋能理解当时发生的事情"，或者"你在浪费时间，去踢球吧"萨缪尔觉得自己一无是处。

班吉一直想成为一名摇滚明星。当他16岁的时候，他组建了一支乐队，并发展出了自己的音乐风格。18岁的时候，他开始在人群面前表演。但他的父母不接受他的生活方式。他们从来不询问班吉过得如何，也不见他的朋友们，或者参加他的现场演奏会。不管班吉获得了多大的成功，他总是怀疑自己，因为他知道父母对他不认可。

什么时候限制自由

1. 不管你多么喜爱你的孩子，多么希望孩子也喜爱你，总会有些时候要说"不"。作为负责任的父母，你肩负着一个艰巨任务，那就

是阻止孩子破坏社会规则或者道德准则，谋杀或者残害别人是绝对不可以的，扰乱社会也不可以。作为家庭这艘轮船的船长，你必须划定界限：哪些是可以接受的，哪些是不可以忍受的，哪些是可以灵活处理的。

库尔特喜欢生活在兴奋中，容易冲动行事。正如他告诉亲戚的那样，他有"高风险基因"。这就是为什么他从商店偷东西的原因。对于库尔特的父母来说，纵容他的这种行为就是不负责任的。他们需要尽自己最大的努力来阻止这种负面的行为。

2. 当孩子正在做出不安全或者危险的决定时，要保护孩子。

珍 2 岁了，天气非常冷，可是她想穿比基尼。不管她发多大的脾气，父母都不能允许她这样做。

马克斯 15 岁了，他的朋友们开始在周末去狂欢饮酒。马克斯向他的单亲妈妈施加压力，要妈妈举办一个聚会并提供酒让他们喝。这类型的自主权是不能纵容的。

少提建议

父母都喜欢提建议，"我们只是想帮忙"，他们告诉我。即使他们的孩子已经 30 岁了，他们还是会提建议。

提建议会降低一个人的自主感。这就假定了你比孩子更知道如何解决他们的问题。你会惊讶地发现，即使是幼儿，对于事情如何处理也有他们自己的主意。

贝碧特不想坐在她的高椅子上。她哭喊着，尖叫着，挣扎着。当爸爸问她想要什么时，她指了指花园里的椅子。一周前她的表妹坐高

第26章 建立自尊的第三块基石：允许孩子在观点、品位和选择上有自主权

椅子时，她曾经坐过那把椅子。一旦贝碧特坐在她喜欢的椅子上，她就平静了。这把椅子足够好，对所有人来说都是一个双赢的选择。

当孩子遇到问题时，不要着急给他们建议，而是要引导他们找到自己的解决办法。要允许他们充分地讨论问题，因为通常仅仅陈述问题就会让问题变得清晰。你可以问几个对答案有诱导性的问题，建议他们权衡利弊。父母要积极参与并给予支持，但要鼓励他们找到自己的办法。要尊重他们做事的方式，除非你感到那样做有危险。

你6岁的女儿问你，她是不是应该把她的芭比娃娃借给朋友。在告诉她你的想法之前，你先问问她有什么想法。你可以向女儿说明借出去的好处（比如有些情况下这个朋友会把女儿想要的东西借给她），以及坏处（比如娃娃可能会被损坏）。但最好在你的女儿做出决定之后，你再提供你的意见，"如果娃娃损坏的话，我可能修不好它。但是如果你想冒这个险，那么由你来决定。"

如果孩子已经试着去解决问题但没有成功，那么你提出建议就是合适的。但即使在那个时候，你的建议也应该与孩子的做事方式保持一致。

吉恩很温顺，不喜欢对抗。在和同学共同完成一个项目的过程中，吉恩被要求做他分外的事情，他不知道该如何处理这件事。吉恩的爸爸天性是对抗型的，他能毫不费力地说出自己的观点。但是，如果他建议吉恩去对抗，既不符合吉恩的性格，也不符合吉恩做事的方式。吉恩需要用合作而非对抗的方式讲出自己的意见。他的爸爸应该协助吉恩找到自己的方式，而不是把自己的方式强加给吉恩。

帮助孩子找到他们在世界上的独特位置

你能给予孩子最好的礼物之一就是帮助他们感到自己是世界的一分子，相信他们的角色是有价值的。我相信每一个个体来到这个世界上，都带着独特的个性、天赋和能力。

> 自我价值的关键是知道自己是谁，然后用我们拥有的品质成为最好的自己。

有一次我观察到，在整个交响乐中，打击乐演奏者只站起来一次敲击钹，其他时间都是安静地坐着。相反，钢琴演奏者和小提琴演奏者全程始终都在演奏，铜管乐器在中间的某些地方演奏。虽然角色不同，但要使得交响乐听起来和谐而动听，每个乐器都是必不可少的。没有钹的那一声敲击，交响乐的高潮部分就不会到达。

生活中亦如此。我们每个人都有一个有价值的角色要扮演。如果打击乐演奏者没有演奏小提琴的天赋，却希望自己成为一名小提琴演奏者，是没有意义的。对他来说，尽自己所能成为最好的打击乐演奏者是更可取的。

作为认真负责的父母，你的任务是协助孩子找到适合他们的位置。这也许意味着把你的偏见和执念放在一边，真正认同这个交响乐的比喻。

斯蒂文喜欢学术。他的儿子杰里迈亚不喜欢阅读，而是爱鼓捣工具。斯蒂文用尽全力强迫儿子去阅读和学习更多的知识。杰里迈亚的自尊感在下降，因为他感到爸爸没有接纳真实的他。从长期看，斯蒂文能给予杰里迈亚的最棒的礼物就是接纳他，并帮助他找到与工具打

第 26 章　建立自尊的第三块基石：允许孩子在观点、品位和选择上有自主权

交道的最有意义的方式。

恕我直言，在西方社会我们把财富理想化了，许多孩子被推动着去追求赚大钱的职业，而不管他们喜欢与否。父母关键是要帮助孩子找到他们喜欢并胜任的职业，如此才能让他们展现自己的天性。

观察你的孩子，把他们的个性记录下来。他们是领导者还是追随者？他们喜欢读书、运动、执行任务还是制造些什么？什么时候他们是最投入的？一旦你确定了这些，那么就提供给孩子提升这些技能的机会吧。

> ☺ **尝试一下**
>
> 　　下次当孩子争论和反抗的时候，你要停下来保持冷静。然后问问自己，你是不是在阻碍孩子的自主性发展。你的孩子是在争论一个对他们来说很重要的观点或者选择吗？如果是这样，那么就请你后退一步，允许孩子展现自己。

第 27 章
实施领导力

Chapter Twenty-seven

当你感到无助的时候，你就会变得愤怒。比如，当孩子忽略你的愿望，而你急于想掌控局面时。表现权威是你知道的能主宰局面的唯一方式，毕竟，你是父母，你才是"老板"，对吗？

错了。

不要成为一个老板，而要成为一个激励型领导者。老板是专横的，通过使唤别人来做事情。而激励型领导者能通过让人们感觉良好，来实现他们的目标。你要保持开放的心态，面对新的可能的方法。忘掉逼迫、强制、惩罚和控制，考虑安全、保证、行为榜样和领导力。

> 你的家庭是一个组织，就像企业一样。你可以在家里实施那些工作中导致成功的领导力原则。

好的激励型领导者的 11 个品质

1. 激励型领导者有愿景

所有成功的领导者都有一个他们遵循并可以与团队分享的愿景。许多父母从来没有花时间来明确他们对于孩子的期望，现在是一个开始的好时机。

抽时间和你的伴侣一起深入思考一下你们希望经营什么样的家庭，你们希望传递的价值观是什么，你们的愿景是什么，你们可能需要几次会议花上几周的时间把所有事情都捋顺。很重要的一点是，你们要遵循同样的标准，因为当父母有争执的时候，孩子会钻空子。他们会想："如果妈妈给我想要的东西，那我为什么要听爸爸的呢？"

下面是一些问题，能帮助你制定你的愿景：

- 你希望采取严格的养育方式还是自由放任的方式？
- 你希望生活按部就班吗？
- 关于干净、整洁和有条不紊的重要性，你如何评价？
- 关于分享、友善和好客的重要性，你如何评价？
- 在教育和运动方面，你的目标是什么？
- 你希望你的孩子多大程度上参与家务？
- 零花钱是一个正确的选择吗？
- 关于金钱以及孩子用钱方面，你的价值观是什么？
- 社会活动有多重要？
- 你同意孩子在外过夜吗？从什么年龄开始？在什么界限之内？

请写下你的价值观和愿景。把核心价值观打印出来，贴在一个明显的位置作为参考。经常看一看，确保自己没有偏离轨道。当孩子的行为需要纠正时，也可以重申它。

我们的家庭使命

我们，琼斯一家，要互相尊重。

我们重视勤奋、优秀和投入，不管是上学还是工作。

我们珍视我们的家庭胜于一切，在任何时候都表现出忠诚和爱。

你可以随时重新评估和更新它。你会发现，当你越来越多地感到你有一个努力前进的目标时，你的愤怒就会减少。同时，你会注意到孩子变得越来越合作，因为他们感到自己是实现最终目标的一分子。

当尼古拉斯辱骂他的妹妹时，他的父亲没有朝他大吼，而是指了指他们的使命标语，并大声读出第一句："我们要互相尊重。"然后他问："尼古拉斯，辱骂是尊重他人吗？"尼古拉斯摇了摇头。然后他的父亲说："尼古拉斯，你签署了这份使命陈述书。你同意遵守它，不许再骂人了！"

2. 激励型领导者能有效沟通

激励型领导者知道如何传递他们的梦想并获得认同。你要成为家庭的激励型领导者，关键是要学会用适合孩子年龄的有益的方式呈现你的愿景和要求。

第一步是要确保孩子在听你说话。通常孩子们没有按要求去做，不是因为他们要反抗你，而是因为他们根本没有听到你说的内容。当你从厨房大声喊出指令时，他们可能正完全沉浸在自己的书、游戏和电视节目中。

奥伦一遍又一遍地向女儿菲洛米娜重复着他的要求，菲洛米娜却完全没有注意到，这让奥伦感到疲惫而恼怒。一旦他意识到菲洛米娜经常沉浸在虚幻的世界里，他就采取了不同的方式。他走到女儿跟前，碰了碰她的肩膀，与女儿保持眼神接触，然后再发出一个指令。这样每次菲洛米娜都能遵守要求。

第二步是要求应清晰、具体，适合孩子的年龄。模糊信息和混合信息常常会引起困惑。

亚斯敏叫莫兰去收拾他的房间，并在那天晚些时候去检查。结果她发现没有什么变化，于是一下子就爆发了。莫兰感到很困惑，他已经收拾了呀，他把一些作业进行了归档，把书桌上的文件也整理好了。

对妈妈来说，很明显她的意思是要收拾整个屋子，包括把垃圾倒掉、用吸尘器清洁地板、叠好衣服等。莫兰压根就没有注意到这些事情，他认为"收拾"就是指他使用频率最高的书桌。

亚斯敏应该列出一个清单，把她希望莫兰做的事情列出来，然后把清单交给他，这样就会有最好的结果。

3. 激励型领导者会以身作则

如果激励型领导者希望员工去做什么，他们也会去做什么。比如，发生了一场森林大火，消防员需要奋战整个通宵，那么消防员的长官出去和朋友吃饭是不可接受的。一个激励型领导者会像消防员一样努力甚至更努力，直到扑灭大火。

养育孩子同样如此。告诉孩子"按我说的去做，而不是按我做的去做"，从长期来看不会产生任何效果，恐怕孩子们会"按你做的去做"。所以，你希望孩子做到的任何行为，你也必须做到。

- 如果你想要孩子房间整洁，那么你的房间必须是整洁的。相信我的话，如果你的房间一团乱，而你却朝你的青春期的孩子大吼让他们去收拾房间，他们会认为你是个"伪君子"。他们也许会为了平息你的愤怒收拾一下，但不会有持久的改变。但是，如果你自己保持整洁，并把整洁作为一个价值观传递给家里的所有人，那么你的孩子最终会做同样的事情。我之所以说"最终"，是因为孩子毕竟是孩子，要达到你希望的目标是需要时间和发展过程的，但是他们终将会达到目标。

- 如果你不希望孩子撒谎，那么你就不要撒谎，小小的谎言，或者"白色谎言"也不要撒。因为孩子都有雷达，他们会接收到的。常见的谎言包括"不要告诉你妈妈我们吃冰激凌了"或者"如果邻居过来，就告诉她我不在家"。

- 在你期待孩子努力的时候，你自己也要努力工作。不要自己懒散地看电视，却期待孩子坐在那里写作业。安排一个时间，全家人一起坐在餐桌边工作。你可以用那段时间支付账单或者回复邮件。

- 如果你希望孩子学会分享并待人友善，那么你也要这样做。很明显有些东西你永远也不想分享，但如果你可以放松地把不那么珍贵的东西分享给别人，那么孩子也会这样做。

我建议把财物分为三类：

1. 永远也不要分享的东西。比如，你可能永远也不想与任何人分享你那辆好车。类似地，孩子也不必分享爷爷送给他们的生日礼物。如果你不强迫他们去分享，他们会感到安全。

2. 只有家人才能使用的东西，比如电脑和特殊的巧克力，邻居和亲戚不可以接触这些东西。

3. 其他东西都可以被分享。这可能包括电视游戏、棋类游戏、足球和玩偶。当邻居来做客的时候，孩子知道你期待他们分享这些东西。同时，由于爷爷送的礼物是可以不分享的，他们会感到有安全感。

你会发现，由于孩子没有被强迫与他们喜欢的东西分开，他们会对邻居和朋友更慷慨大方。而且，由于孩子参与决定了什么东西可以分享，与谁分享，他们会更友善。

- 不要咒骂、吸烟、看色情片或者滥交，除非你希望孩子按照这些价值观来生活。我之所以提及这些，是因为在我的心理咨询案例中，我听到父母因为他们的孩子有这些行为而哀叹。父母不介意自己沉迷于这些行为，但是如果他们的青春期孩子做同样的事情，他们就会勃然大怒。他们很难去解释为什么一个40岁的人可以看色情片，而14岁的人就不可以。如果父母说"因为我是爸爸"或者"我比你年龄大"之类的话，现在的青少年可不会接受。如果你真的对你家青春期孩子看色情片感到生气，吼叫和惩罚并不能帮助他们；只有让这一点成为整个家庭共同遵守的价值观，才有可能成效久远。

- 如果你希望孩子停止打架，你自己就不要打架。首先让自己具备管理冲突的能力，然后才能影响孩子具备同样的能力。

4. 激励型领导者会定期召开会议

不管多忙，激励型领导者都会定期召开会议。他们会定期与经理开会。他们总是花时间研究如何在当下环境下继续前进，并且边前进边检验。他们避免猜测，不匆忙做决定，不害怕咨询专家，从而来获取自己的优势。

现如今的父母时间紧张，很难分配出时间去做计划、战略规划或者寻求专业帮助。洗衣服和课外活动似乎更重要，以至于没有时间召开会议。

恐怕优先次序错了。

一周腾出一个小时来计划下一周的养育策略是很有必要的。

在会议上,分析孩子现在的行为,并决定哪些地方需要改进。和你的伴侣一起,选择最好的方法来促进孩子在某一项具体行为上的改变。做得太多太快,则不会成功。

玛丽萨早上不能及时穿好衣服。她父母在周例会上决定培养她的守时性。在这一周里,他们积极地强化了她准时或者几乎准时的行为。

在下一次会议上,玛丽萨的父母评估了她上周的行为,意识到积极强化逐渐改善了玛丽萨的守时性。他们决定在接下来的两周继续关注守时的问题。

在接下来的会议上,父母一致认为守时问题已经得到了足够的改善,接下来可以把另一个行为作为改进的目标。这次他们选择的是建立信赖感。

5. 激励型领导者善于培养士气

成功的 CEO 都知道组织中士气的重要性。高昂的士气能够提高生产率和创造力,降低压力和倦怠。

为了提高孩子的士气,你需要营造一个积极的氛围。家庭不应该是消极和悲观情绪的沼泽,不应该只有工作,没有玩耍。你应该努力营造快乐的家庭氛围。当你大部分时候不生气和感到满足的时候,就能够实现这一点。

每天都抽出时间来休息。在孩子的生活被过度安排的时代,实施这一点可能是一个挑战,但你必须这样做。如果孩子整天都在学习,没有休息的时间,他们也会感到精疲力尽。

> 在当今时代,有 15% 的孩子有焦虑和抑郁倾向。我认为过度安排是原因之一。休息时间是必需的,可以安排在刚放学后或者晚些时候,至少应该有 30 分钟。

另一个鼓舞士气的方法是在一起尽情地玩。每天都找到玩的乐趣,把它作为日常活动。比如在车里听笑话,或者下班回家时和孩子开玩笑。

在成功的组织中,团建活动,比如轮流敲鼓、周末远足、一起制作木筏等都会在提升凝聚力上立竿见影。这并不像常规的家庭假日,而是全家一起努力创造出什么东西,每个家庭成员都感到自己是有价值的贡献者。所以,我的建议是全家人一起去露营,制作一个木筏,一起创作音乐,至少一年两次。

营造一个适合孩子的家庭环境。当你走进幼儿园时,你会从墙上的艺术作品、玩具和陈设上意识到这里是幼儿园。同样,高中也可以明显看出是一个青少年待的地方。

你的许多愤怒来源于试图让孩子融入你的成人世界和日常生活。一旦你潜进儿童/青少年模式,整个氛围就会变得更好。以整理房间为例,可以以幼儿园为榜样,像老师们那样唱着歌"打扫吧,打扫吧",让孩子们也一起跟着唱,快乐地打扫卫生。

6. 激励型领导者有系统

一个优秀的企业领导人不会期望刚成立公司,生意就会成功。他们会分析企业需要什么并形成文件,明晰营业时间、每个人的角色是什么,以及怎样提高效率和利润。

父母也需要系统。你越能高效和有效地经营你的家庭,并将它传递给孩子,就越不需要愤怒。

夏洛特是4个孩子的母亲,她讨厌做计划和做晚饭。她承认,如果她当初知道要做20年晚饭,她怀疑自己就不会结婚生子了。每天下午3点钟左右,她开车去接孩子们时,都会吓一跳:"我的天哪,我必须给6个人做3个小时的饭。"

孩子们被夏洛特催促着到了超市,她需要赶紧买食物;然后当她慌慌张张做晚饭时,孩子们必须保持安静。通常,晚饭要在晚上9点钟才能准备好,要么就是提供不健康的快餐,这两种选择都令人不满意。夏洛特的丈夫感到非常生气。

夏洛特需要学习的是精简系统并实施它。首先,她可以制订一个月的菜单计划,列出她需要的食材。其次,她可以在网上预订这些产品,周日送达。第三,在周日上午她可以成批烹饪,不要一次只烤一只鸡,而是一次烤好四只鸡,然后在接下来的一个月内每周一晚上吃一只。她可以把所有做好的熟食都冷冻起来,做饭时再配上罐装的蔬菜。第四,每天晚饭后看一下菜单,从冰箱里取出第二天晚上要用的相关食材。

夏洛特和她丈夫认为6:30是吃晚饭的理想时间。每天,夏洛特需要做的就是把准备好的食物加热,可以再加一些新鲜的水果。孩子们因为有规律的健康饮食而成长得更好,他们高兴地收拾餐桌,把餐盘放进洗碗机。有条不紊使得每个人都能各司其职,前后一致。日常压力和沮丧彻底被消除了。

在你的周例会上,识别出如果系统到位,你的愤怒将会在哪些触发点上减少。制订起床时间、睡觉时间和小憩时间,当孩子们作息规律，他们的生物钟就会发挥作用，慢慢地他们就会自然地起床和睡觉，没有任何困难。

可以在家庭中建立尽可能多的系统，让家务有条不紊地运行，包括取出午餐盒并清洗干净，打包第二天的午餐，把脏衣服放进篮子里，把书包放在指定的位置上，有计划地洗衣服。这样就不会积累起来，在早上产生混乱和压力。

7. 激励型领导者不是绵羊

真正的领导者是开拓者，他们不会像绵羊那样跟从别人，而是自己决策走哪条路最好。

父母也必须谨慎，不要做跟随者。每个家庭都有各自不同的资源和需求，就像有些家庭比另外一些家庭更有钱一样，有些父母比其他父母更有精力和时间，更健康，投入更多。所以，每个父母都应该思考，对自己的家庭，对每个孩子来说，什么是有益的，然后做出相应的决定。

不太容易，是吧？

我们和其他父母进行攀比，我们想给孩子最好的，这让我们感受到巨大的压力。如果别人家孩子穿名牌衣服，而我们买不起，我们就会担心自己不是好父母，会让孩子失望。

> 所罗门在郊区一个富人区上学，他们班所有孩子都有机会参加精彩的课外活动：周一下午上编程课，周二上小提琴课，周三上足球课，周四上艺术课，周五上足球课，周六上游泳课，周日参加生日晚会。
> 所罗门和他的朋友们一样参加了同样的活动。这样安排几周之后，所罗门变得脾气暴躁，他经常和妹妹争吵，不听父母的话，还不愿意

做作业。所罗门的父母直觉地感到，他参加的课程太多了，想取消一些活动。但是他们又担心这样会限制所罗门的机会。同时他们也担心，这样做会让所罗门与朋友们不一样，影响他和同学的友谊。他们不希望自己的同事认为他们不是好父母。

所罗门的父母不能够变成有主见的领导者，遵从自己的直觉。他们让所罗门像仓鼠转轮般转个不停，即使这已经对所罗门造成了负面影响。

8. 激励型领导者会提升员工技能

想象一下，奥德特在做一份接线员的工作，她一天到晚被枯燥的电话号码所淹没，在完成工作上出现了困难。一周后老板会解雇她吗？他们要惩罚她，克扣她的工资吗？如果他们是激励型领导者，是不会这样做的。相反，他们会在她身上投资，让她的技能升级，直到她能够胜任工作。

当孩子的表现没有达到要求时，通常是因为孩子没有掌握必要的技能。

投资时间和资源来辅导孩子，然后就像变戏法一样，问题就会得到解决。由于你对孩子的期待是现实的，所以你会变得平静，而孩子现在也会因为拥有技能而变得更加合作。

英巴尔4岁了，当父母带着她去姨婆家的豪宅看望生病的姨婆时，大人希望她能安静地坐着。当英巴尔四处乱跑，撞倒了一个花瓶时，她受到了严厉的斥责。可怜的英巴尔并不知道父母对她的期待是什么，她只不过是一个活泼的4岁小孩子。

如果她的父母在去之前给她做一些准备工作，告诉她可以在哪里玩耍（不能在布置井然的客厅），她可以做什么事情来自娱自乐（带上一本贴纸书），她们准备待多久（这个定时器能帮你看看时间过了多久），那么事情就会更好一些。告诉英巴尔打发这无聊的30分钟的技巧，会使她更愿意合作并安静地坐着。

斯蒂芬妮上七年级，她的高中生活刚开始，学业压力也增大了。她的父母热切地渴望她表现优秀，希望她每天都认真完成作业。斯蒂芬妮不擅长做计划，面对大量的作业感到不堪重负。她一团混乱，学习跟不上了。

斯蒂芬妮的父母感到很愤怒，因为他们认为是由于斯蒂芬妮的懒惰或固执造成的。他们通过没收她的iPad来惩罚她。

斯蒂芬妮需要父母做的是花时间去评估一下现在的情况。为什么斯蒂芬妮没有完成作业？他们可以做些什么来帮助她做得更好？她需要改进什么能力？

斯蒂芬妮需要的不是惩罚，而是在执行能力上的训练，确保她学会自己计划和安排。一旦她掌握了这些技能，就能完成作业。

9. 激励型领导者常进行积极强化

在澳大利亚，雇主对员工减薪或者以任何方式惩罚员工都是不合法的。一个老板因为对员工的工作结果失望，就让他们在卫生间待一个小时去好好想一想他们做错了什么，这个老板可能就会被起诉。

作为父母，我们总是做这样的事情。我们通过让孩子承担各种后果来教训孩子：

- 回你的房间待着去。
- 你不能看电视。

- 我要没收你的 iPad。
- 这周不给你零花钱了。
- 我要摔坏你的玩具，就像你摔坏妹妹的玩具那样。
- 我们出去看电影的时候你要待在家里。

我们也批评孩子，希望迫使孩子做出改变。有些父母认为，夹杂着恭维的批评会非常有效。"罗德，我知道你有时候很努力，我没有贬低那些努力。但是，总的来说，我注意到你是懒惰和马虎的。我这样跟你说，是因为我爱你，我确定你能做得更好。"这样说是没有效果的，孩子们只听到了批评。

丢弃惩罚、后果和批评吧，它们会让孩子感觉自己很糟糕，会导致他们自尊降低，情绪低落，并距离你想要他们表现的行为越来越遥远。实际上，你这样做导致的结果与你想要的正好背道而驰。

> 积极强化才是真正有效的。它能加强你想要的行为，同时提升孩子的自我价值、幸福感、能力和动力。

成功的企业不会因为员工没有做什么而惩罚他们，而是会用奖励（每月之星、年度最佳员工）、晋升、奖金和激励政策积极地强化员工的良好表现。这才是你想要效仿的榜样。

把注意力放在那些你希望出现的行为上，并用积极强化的方式来奖励它们。同时尽可能忽视所有其他行为。很明显，如果孩子伤害别人或者破坏物品，你必须进行干预，但对于其他那些令人失望或者恼火的行为，最好忽视。

所有孩子都会从积极强化中获得发展，所以千万要谨慎，别忘记你的"好孩子"。养成及时肯定孩子好行为的习惯。而且，当你的家庭文化变成积极肯定，而不是愤怒和沮丧时，你就是在增强孩子的信心和心理适应力。下面是一些用于积极强化的表述：

- 丹，我注意到你刚才分享了你的一套玩具火车，你真友善。
- 山姆，当你辅导你弟弟阅读时，我看到你是一个特别好的团队成员。
- 好样的，格里，一次就完成了作业，这表明了你的专注和决心。
- 谢谢你摆放桌子，巴特，我很欣赏你表现出的主动和体贴。

如果孩子不合作，就花时间评估一下你确切想要提升的是什么。注意每次当孩子做了任何接近你想要的行为时，都要积极地强化它。

西蒙不写作业。他的父母认为他就是懒惰。他们决定强化他们想要的品质：勤奋。当西蒙花了点时间弄明白如何下载免费电影时，他们评论说："西蒙，你真认真啊。你投入了很多努力，终于弄明白了如何做这件事。"或者当西蒙早起去锻炼时，父母就跟他说："只有在体育上勤奋的人才能起这么早，真令人印象深刻。"当西蒙为了准备一场考试而学习到最后一分钟时，父母积极的评语是："学习到那么晚真是很勤奋啊。"过了一段时间，这些评语起效了。西蒙开始把自己看作是一个勤奋用功的人，开始做作业了。

和有帮助的赞美一样，"情感食粮"也是激励人的利器。在孩子做出我们想要的行为后，只要我们给孩子一个拥抱，带着关爱的微笑和他们进行眼神接触，或者握握他们的手，孩子就会重复这个行为。孩子最需要的莫过于父母的爱和认同。

允许孩子有一项特权是另一个积极强化的形式，包括晚睡、看电影或者参与成人讨论。这项特权必须强化你想要的行为，比如，如果乔不抱怨，好好说话了，你可以说："乔，过来跟我和奶奶聊聊天，我喜欢你的豪言壮语。"

积极强化的实物形式应该少用，比如：金钱或者物品奖励。我认为不应该因为孩子做家务而付给他钱，建议只有在一项行为很难改变时再给孩子钱。

- 你的青春期的孩子在周末没有找到社会实践工作，你可以答应在第一个月付给他相应的薪水。
- 你6岁的孩子爱撒谎，每次他说真话的时候，你就买一个乐高玩具。记住，不要对他的撒谎行为进行评论，只是强化和奖励说真话的行为。

10. 激励型领导者不会亲力亲为

伟大的领导者信任自己的员工，允许他们用自己独特的方式来做事。领导者设定目标，然后在规定好的时间对目标进行评估。实际上，伟大的领导者需要和员工一起设定目标，而不是把目标强加给员工。这是一个合作的过程，员工是整个决策过程的组成部分。

在你的家庭中，同样的原则也适用。首先，你必须相信你的孩子以及他们取得成就的能力。如果你不相信，为什么你想当然地认为他们会失败呢？其次，要一起设定目标。

"斯佩罗，这段时间早上起床为上学做的准备不够好，我们每天都迟到。你认为你需要多长时间做准备？"

如果斯佩罗说30分钟，那么就和他一起想办法解决他怎么把自己叫醒，他可以利用什么系统使之变得更容易（比如头天晚上就把第二天的衣服整理好）。一旦你们一致认为这个目标是可以达到的、可以接受的，就告诉斯佩罗你会在旁边观察一周，看事情进展如何。在下周的同一时间和地点，你们再次评估一下这种方法是不是起作用。

你真正要做的是在旁边观察，而不要吼叫、提醒或者掌控。等待并观察，让斯佩罗有机会正确理解这件事。一周后，你们俩再次评估一下。如果有什么小问题，就和斯佩罗一起头脑风暴。也许他应该更早一点起床，或者在头一天打包好第二天的午餐。一旦他有一个改进的计划，就再观察一周。

11. 激励型领导者也有局限

在任何组织中，雇主和员工之间都有一份契约，该契约在工作关系开始的时候就签署了。当员工没有完成任务，违反契约时，领导者不会吼叫、尖叫或者辱骂，契约终止是没有遵守工作协议的一个自然后果。

当然，你和孩子的关系不是契约制的，终止显然不是一个选择。但是，有时候自然结果会出现，如果你允许自然结果发生，那这对于孩子来说就会成为很好的学习机会。

- 马西在月底之前就把零花钱花光了。不要再给他更多零花钱，让他感受没有钱的拮据，他就能学会更好地进行预算。
- 菲利普没有完成作业，他在学校将会遇到麻烦。让这件事自然发生，不要急着给学校打电话去保护他。
- 虽然你警告过吉尼慢慢走路，但她还是在跑，并把蛋糕弄掉了。不要重新买一块蛋糕，她会学习到拿着食物走路时要小心一点。
- 戴夫在玩耍的时候对朋友很刻薄。下次他邀请朋友的时候，朋友都拒绝前来。不要给他朋友的父母打电话或者责怪他的朋友。允许戴夫感受他的行为带来的后果。

请注意：当自然后果发生时，不要讲道理或者对孩子说"我早就告诉过你了"。这是一个合乎逻辑的过程，孩子将会从中学习。如果这样的事发生了几次，孩子明显还是没有学习到，那么就要帮助孩子了。我们仍然是不说教，不愤怒，也不失望，而只是帮助孩子提升技能。

☺ **尝试一下**

下次当你发现自己尖叫或者强制孩子时，退后一步评估一下你的领导风格。找出那些能让你变得更富有激励性而不像一个强迫型的老板。实施新的领导策略，观察你的孩子和你的家庭发生的积极改变，以及你希望出现的行为。

第28章
少说多做

Chapter Twenty-eight

有许多技能父母需要教给成长中的孩子，包括：

- 刷牙
- 用刀叉吃饭
- 吃饭时间安静地坐着
- 分享
- 请求得到某物而不是去抢
- 做作业
- 整理衣服
- 梳头
- 打包午餐
- 吃午饭
- 穿套头衫
- 整理床铺

这个清单是无穷无尽的，正是在完成这些基本任务的时候，我们产生了愤怒，每一天都过得像打仗一样。

在洗完澡后，卢塞特总是忘记把浴室清理干净。她的妈妈看到这种情况很愤怒，常常打她，这使得卢塞特总是害怕地匆忙去拿抹布和肥皂。打一巴掌可以"手到病除"，因为这迫使卢塞特立刻做出反应。

但卢塞特从中学习到什么了呢？她了解到清理浴室的重要性了吗？不，她学到的是为了避免挨第二个巴掌跑着去拿抹布。

卢塞特的妈妈不能经常使用这种方法。卢塞特会长大，她可能会回击妈妈，跑开，撤离或者叛逆。妈妈最好找到一个长远的方法，让卢塞特理解在使用完浴室后清理干净的重要性。如果她这样做，她将发现卢塞特不会叛逆，会清理干净浴室，并变得合作。

制造爱，而不是战争。要让爱、愉快的生活和活动战胜争吵、讨论、贿赂、强制和惩罚。你可以使用有趣的、轻松的、非对抗的活动来获得合作。

—— 少说，多做。

这里介绍9种简单的方法：音乐、故事、时钟和定时器、幽默、游戏、联系、分散注意力、聚焦以及演练。

1. 音乐

音乐是改变气氛或者分散孩子注意力和安抚孩子的绝妙工具。需要的全部家当就是恰当的装备（iPad、MP3播放器、电脑、收音机）和合适的音乐。

纳丁发现几乎不可能让她的两个活跃的男孩安静下来准备睡觉，每天晚上都是一场战争。当她开始在睡前播放舒缓的音乐时，他们明显安静下来了。

通过播放相关的音乐制造出你想要的氛围：

- 如果你希望所有人都帮忙收拾整理，可以播放动感音乐，这可以让你的孩子动起来（就像在健身房一样）。
- 为了防止汽车旅行中的争吵，可以让每个孩子听自己选择的音乐（耳机是必需的），汽车旅行将会变得和平。
- 在睡觉前，用舒缓的音乐放慢节奏。

2. 故事

你的孩子曾对你撒过谎吗？很糟糕的感觉，是不是？所有你曾想做的就是对他们吼叫并告诉他们，他们有多坏。其实有更好的方法，可以讲一个关于撒谎的故事，并解释为什么说撒谎是错误的，这会比你的暴怒更深远地影响孩子。

琳恩5岁了。她撒了谎。她告诉妈妈自己没有从妈妈的钱包里偷钱；她告诉爸爸自己准备睡觉，而实际上她仍然在继续玩耍；她告诉老师自己没有打阿曼达，而事实上不是这样。

于是，琳恩的妈妈在书上、网络上和电视上找到了不同的故事，每天把其中一个故事放进琳恩的日常故事中。几周之后，琳恩不再撒谎了，她的妈妈也不需要就此事与她对抗了。

这种方法的美妙之处在于琳恩的自尊仍然完好无损，她的妈妈可以表现出友善的态度，家庭氛围仍然平静而快乐。结果也达到了引导琳恩不撒谎的效果。

现如今，你可以在不同平台（收音机、电视、书籍、电脑游戏）

上找到几乎任何你想要的主题。只要努力搜集，你就能发现合适的故事。

当你给孩子讲故事，目的是改变他们的行为时，不要解释为什么你会讲那个特定的故事，不要让这个故事成为针对个人的说教。永远不要说："我将要讲一个关于撒谎的故事，因为我知道你对我撒了谎。你好好听着，要做得像故事中这个女孩一样好。"如果你让这个故事成为针对个人的说教，那么孩子就会变得很防御，这会阻碍学习。把它当作一个随机的故事讲出来，在平静和愉快的氛围下，孩子才会获益最大。过一段时间，在听了几个故事后，孩子就会把你想要传递的信息内化于心。

3. 时钟和定时器

你是不是疲于叫孩子起床，让他们睡觉，提醒他们写作业，穿衣服时站在旁边催促？你会这样做是因为毕竟有一个截止时间，如果你不催促他们，他们就在那个时间内完不成。对吗？

对。

你已经变成了家庭中的交警，确保交通畅通，没有阻碍。现在，是时候放弃这个角色，把它交接给物品了。正如道路畅通是因为有红绿灯，家庭的运行也可以让时钟和定时器来协助。

时钟和定时器能把重担从你身上卸下来，把守时的责任交到孩子自己手里。

- 叫孩子起床、确保他们准时上学这项工作是持续不断而且令人疲惫的。现在是时候传递接力棒了，要教给孩子为自己的守时承担责任。你可以给每个孩子一个电子闹钟，在晚上让他们设定起床的闹钟，如果有必要的话，可以增加穿衣时间、早餐时间和上车的提醒闹钟。

- 你经常给孩子讲故事，但每次该停下来的时候，孩子都会请求你继续讲。这不是什么时候都可以的。当你说"不"的时候，你感到内疚，而孩子看上去很难过。有一种选择是，把一个沙漏计时器放在你跟前，说："我给你讲故事，直到沙子完全流过玻璃杯。你留意看着玻璃杯，当停止的时候就告诉我。"你设定时间范围，孩子负责停止，这就是一个双赢的结果。

- 孩子们为了抢玩一个球而打架，要求你来仲裁。通常你会问发生什么事情了，并努力保持公平，但结局往往很糟糕，总会有一个孩子感觉被冤枉了。现在你可以指着闹钟，说："你们看见钟表上的分针了吧。每次它移到另一个大数字的时候，你们必须交换。轮流来玩，这个闹钟会告诉你们什么时候该交换了。"

4. 幽默

孩子们喜欢大笑、找乐和玩游戏。丢开你那套成人的交流模式，利用孩子的朝气和童心来理解他们吧。

- 你不喜欢15岁的女儿去参加工作面试穿的套头衫。你知道如果批评她，她会很生气，这会毁掉她的面试。变得有创意一点，你可以操上一口法国口音，模仿她喜欢的万人迷演员说："这话我应该说，你看起来有点过分了，穿上你的黑色套头衫会更高雅呢。"她会大笑着穿上黑色套头衫。

- 你8岁的孩子把玩具扔得地板上到处都是。为了鼓励他收拾玩具，你只需要像火星人那样讲话："请——从——地板上——移开——所有——障碍物，为乘客——清理出——道路——来——登陆。通话——完毕。"

5. 游戏

不管你希望孩子上床睡觉，安静地坐下吃饭，停止抱怨，还是继续走路，都可以创造一个游戏得到你想要的结果。

- 你2岁的孩子不想上床睡觉。你开玩笑似的把他抱起来（忽略他的抵抗）说："我们要像火箭一样蹿上床。"一边把他举过你的头顶，发出火箭飞船轰鸣声，一边跑进卧室。很快，你就会看到他笑着上了床。

- 你4岁的孩子累了，不愿意继续走路。你假装变成一名士兵（孩子喜欢按照士兵的方式前进），说："现在让我们起步走，左，右，左，右，左。"很快，他就会完全投入到游戏中，忘掉他的疲惫，而不再抱怨。

- 你18个月的孩子不让你给他洗脸。你用他最喜欢的角色做一个面巾木偶，比如米老鼠，让"米老鼠"给他洗脸。

- 你3岁的孩子不愿意洗澡。你在浴池里设置一个水球比赛，看着他爬进浴池去玩。

6. 联系

通过把你希望孩子做的行为与积极的感受和一些愉快的结果联系起来，鼓励孩子合作。

- 可以对抱怨洗澡的4岁孩子说："如果你在晚上7点钟洗澡，

我就给你讲一个故事。"
- 想鼓励孩子做作业，可以这样说："当你做完作业后，可以看电视。"

7. 分散注意力

当孩子发牢骚、闹脾气时，如果你确定没有什么严重的事情，就可以分散他的注意力，问孩子"怎么啦"或者解释为什么发牢骚不可接受，是没用的。运用分散注意力的方法，所有人都能获益。

疲劳通常是孩子发脾气的直接原因。威尔的妈妈建议他去睡觉时，威尔开始踢妈妈，还大声尖叫，喊着说他不想去睡觉。威尔的妈妈意识到，这时对他谈论他的感受就是浪费时间，去睡觉对孩子来说是最好的。

于是威尔的妈妈开始用活泼的语调对威尔讲，祖母有一个新的视频，名字叫《匹诺曹》，他可以在睡醒后观看。她给他讲了匹诺曹的故事，很快威尔对这个故事开始感兴趣，他停止了尖叫，温顺地上床睡觉了。

分散注意力很简单。保持平静，找到一些让孩子感兴趣的东西。讲一个激动人心的故事，指向一架飞机或者一只鸟，或者挑战他进行一场比赛。这样做可以使孩子的另一个脑区被激活，当孩子被这个主题所吸引，负面行为就会消失。

8. 聚焦

你，家长朋友，拥有成熟的大脑，你知道在家里有哪些事情需要做，你会记得把食物放回冰箱里。

相反，你的孩子与你不同，日常家务不是他们的关注点。当你因为一只脏盘子而生气时，孩子的行为明显就成了一个问题。你可以简单地让孩子关注问题，然后看着他们解决问题。

- 你的青春期的孩子乔纳森拧开了浴池水龙头而忘了关。乔纳森并不是要用水来毁坏你们的房子，他只是走神了，需要重新集中注意力。你只需要给他一个提醒："乔纳森，浴池的水。"他会很快跑过去关了水龙头。
- 当你4岁的孩子没吃完早饭就跑开时，召唤一下："你的饭菜还在桌子上呢。"
- 如果你8岁的孩子在和朋友聊天，没有意识到他上小提琴课就要迟到了，你只需要简单地说："一会儿有小提琴课。"
- 写便条是让青春期的孩子集中注意力的好方法。比如，把便条贴在电视上："在你开电视前，写完作业了吗？"

你的目的是让孩子完成行为，而不是赢得胜利或者证明你的权力。这种方法与交通部门减少超速行为的方法类似。他们放置一个标志，警告你附近有摄像头，减速慢行对你是有好处的，这样你肯定会减速，交通部门的使命也就达成了。没有必要惩罚或者小题大做。

9. 演练

让孩子提升技能的一个有效方法是根据需要一遍遍地演练你希望孩子做的事情。可以向孩子解释，这就像在学校进行消防演练一样。

马尔卡放学后玩会儿这、玩会儿那，结果作业没完成。为了帮助她，父母和她进行了演练：

(1) 回到家

(2) 吃午饭

(3) 做作业

(4) 看电视

(5) 洗澡

(6) 吃晚饭

(7) 读书

(8) 睡觉

在连续两周每天进行这样的演练后,马尔卡能轻松地完成作业了。

☺ **尝试一下**

下次当孩子不听话的时候,想一想如何能激发他们去做你期望的行为,可以考虑使用音乐、故事、游戏或者联系等方法来获得合作。没有愤怒,没有眼泪。

第 29 章
解决问题

Chapter Twenty-nine

当你已经尝试了你学过的每一种方法,孩子仍然不合作时,可以使用解决问题的策略。

解决问题是指找出孩子不良行为的根源并解决它。

为了解决问题,可以尝试问自己下面几个问题:

- 你的期望是否现实?
- 孩子是不是理解你的要求?
- 给孩子更多自由的空间是不是会有所改变?
- 是不是有身体上的障碍导致了问题的发生?
- 让孩子参与问题的解决是不是可以纠正问题?
- 是不是需要专业的帮助?

1. 想想你对孩子的期望是否现实

孩子不合作,可能是因为你的期望太高了:

- 你要求4岁的孩子安静地坐着,但他太小了,还不能安静地坐太长时间。
- 你期待 10 岁的孩子收拾他的房间，但他的秩序感还没有完全建立。
- 你希望 3 岁的孩子流利表达，但他还在发展语言技能。
- 你要求孩子分享，但他们从来没有被教过如何分享。

每个孩子都在按照自己的节奏发展，有自己的能力水平。

弄清孩子处于哪个发展阶段，会让父母变得不那么容易愤怒。你可以通过以下方式更加明确孩子所处的阶段：

- 学习一些关于儿童、青少年发展里程碑的知识。
- 了解孩子的性格特征以及情绪成熟度。
- 通过不同的任务来判断他们的能力。
- 如果必要的话，向专业人士寻求建议。

一旦你了解了孩子的身体、智力、情感和社交能力，你就能对他们抱以现实的要求。

琼斯夫人成长在一个非常重视餐桌礼仪的家庭，所以当她有了孩子后，也很重视孩子的餐桌礼仪。从女儿 3 岁起，她就训练她用刀叉吃饭，于是吃饭变成了战场，直到女儿 9 岁。

琼斯夫人不了解，9 岁以下的孩子还不具备正确握住刀叉所需要的良好的动作协调能力。多少批评和惩罚也不能提高其灵活性。

布莱恩感到很困惑。他有两个孩子，在他看来，他对待他们的方式完全相同。但是，他们的反应却完全不同。当布莱恩来咨询我时，我请他填写了他自己和两个孩子的性格问卷调查。布莱恩的大儿子在神经质这个维度上得分比较高，这可以解释为什么他容易感到压力，经常哭闹，不善于应对批评。布莱恩需要调整他的养育方式来适应大儿子的性格。

莱维上幼儿园了，正在学习阅读。当他父亲发现莱维只读到第15本书，而他班上许多孩子都已经读到第23本书时，感到心急如焚。可怜的莱维被他父亲揪着去表现更好，以达到父亲的要求。莱维需要时间按照自己的节奏来发展。

2. 评估一下不合作是不是有具体原因

通常孩子不能满足你的要求，是因为从物理环境上来说他们还不能做到。所以，评估一下是不是需要对孩子的物理环境进行改变（比如卧室或者游戏室），使得环境对孩子更友好。

塞尔文的父亲经常感到生气，因为要求塞尔文收拾他的火车玩具时他总是做不到。在塞尔文看来，花了好几个小时才组装好，他不希望每次想玩的时候重新再组装一遍。塞尔文需要的是一个托盘，可以把他的火车玩具永久地放在那里，这样非游戏时间就可以快速把组装好的火车玩具移到塞尔文的床底下。

把衣服挂到衣柜里对琼来说是一项巨大的任务，因为她太矮了，够不到横杆。她的妈妈没有意识到这一点，她认为琼不好好整理自己的衣服，所以变得很生气。琼并不是故意在对抗，她只是因为任务太难了而规避它。

琼需要的是梯子，而不是打屁股。当她能容易地够到横杆时，她就会愿意把衣服挂起来，满足妈妈的期望。

犹大总是完不成他的家庭作业，他一做作业就走神。他学习的空间不利于他专注，这才是他落下作业的原因。犹大的父母需要分配出一个合适的空间，这个空间要很安静，而不是和走廊挤在一起。

3. 考虑一下孩子是否能理解你的要求

你可能很清楚地知道为什么自己会那么要求孩子，但孩子可能不理解，认为那是无意义的活动。当你循循善诱地跟孩子解释后，他们会更主动地听从你的要求。

拉特钢博士是一个牙医，当他6岁的儿子布莱恩不提醒就不刷牙的时候，他非常恼火。虽然拉特钢博士精通牙科，理解口腔卫生的必要性，但布莱恩认为这是一件苦差事，所以尽可能避免去做。

如果拉特钢博士能用激励的方式引导布莱恩认识到口腔卫生的重要性，这对他们双方都有好处。过一段时间，布莱恩就能理解刷牙的重要性，并满足他父亲的期望。

奥拉从来不洗耳朵后面。"这有什么关系呢？"她想，"反正没人看得见。"奥拉的妈妈花了几周时间来解释清洁全身各个部位的重要性，奥拉采纳了妈妈的意见。

贝弗利的父母让她跟爷爷奶奶见面和告别时都要亲吻，贝弗利不喜欢那样做。父母试图强制她，贿赂她，甚至惩罚她，但贝弗利都不为所动。只有贝弗利明白不亲吻祖父母会伤害他们的感情时，她才会看到这一行为的价值。

4. 如果你提供选择，是不是会有所不同

通常孩子违抗父母的指令，是为了表明自己的自主性。尽管你理解这是孩子发展自我意识过程中重要的、健康的组成部分，但是你在经营家庭，所以需要孩子配合把事情完成。

有一种方法，既可以让孩子满足你的要求，又能鼓励孩子的自主性——给出"有限的选择"。这意味着孩子可以选择他们想要的，但只能在你设定的范围内。

布拉德2岁了，他总是挑剔妈妈给他提供的洗澡玩具。当妈妈给他小船时，他尖叫着说要塑料海豚；当让他玩海豚时，他却又要鸭子。

当布拉德的妈妈学会了提供选择后，她就在一个桶里放上合适的玩具，并把它们放到浴缸旁边。在洗澡时她说："布拉德，今天你可以从这个桶里选择你想玩的玩具。"

布拉德很高兴，因为他有了选择权；他的妈妈也感到很满意，因为她不在意布拉德玩哪个玩具，只要孩子在水里是安全的。

利亚纳12岁了，当妈妈要求她去做作业时，她总是不情愿。利亚纳的妈妈希望利亚纳放学之后直接写作业，但利亚纳总是先做自己的事情。

一天，利亚纳的妈妈决定给利亚纳一个选择。她对利亚纳说："你可以在你喜欢的时间段做作业，只要在晚上7点之前完成作业就可以。"

由于利亚纳感到自己有了选择权，她的行为极大地改变了。她每天按照自己的时间安排认真地做作业，但是会在妈妈设定的时间范围

内完成。利亚纳的妈妈很高兴,因为作业可以在晚饭时间前完成了。

衣服可能是父母和青少年的一个矛盾焦点。洛夫斯特希望他14岁的女儿迪娜在家庭服装店买衣服,比如塔吉特服装店,但迪娜想要买名牌服装。

最终,洛夫斯特设定的底线就是预算。他给迪娜1000美元,对她说:"迪娜,你可以选择买什么衣服,以及在哪里买。到明年这个时候为止,你只有这1000美元用来买衣服。"

5. 与孩子协商,找到双方都同意的解决办法

你和孩子看待事物的方式必然不同。你们都是独立的个体,有自己的性格特征、智力水平、性别、成熟度和环境压力。当你接受孩子不是难以管教,而只是与你不同时,你就不会生气了。

弥合分歧和解决问题的方法是和孩子交流你的个人需要,找到共同点。你希望解决问题,这样你们才能和谐相处。作为慈爱的父母,你并不是要不惜代价赢得胜利,你不想扼杀孩子的自主性,而是想用友善的方式来消除差异。对吗?

对。

当你寻求令双方都满意的办法时,你就会达到这个目标。

> 这要求你转变看待孩子的视角,从把孩子看成是一个问题,变成把孩子看成是解决办法的一部分。

起初你可能会觉得比较困难,尤其是你习惯了当"老板",制定所有决策并实施的时候。现在你需要完全改变你的观点,考虑合作、解决问题、冲突最小化、尊重和自主性。

通常，找到一个双方都接受的解决办法并不是那么难，而是水到渠成、自然而然地发生的。

肯尼3岁了，不愿意坐在他的专属椅子上。他父亲没有坚持，而是问他："你想坐另一把椅子吗？"肯尼笑了笑，指了指挨着他哥哥的那把椅子。由于他坐在哪里没什么影响，所以他父亲高兴地帮他坐到了他喜欢的那把椅子上。

有时候，找到折中方案需要花点时间筹划安排一下。记住下面这些原则：

- 营造一个你和孩子能够畅所欲言的氛围，不要害怕有评判。
- 坐在一个安静的地方，这样你们就不会被打扰。
- 拿着纸和笔，像正式开会那样，这会制造一种仪式感。
- 愿意真正倾听孩子的感受、需求和观点。
- 尊重孩子的智慧和创造力。
- 保持灵活，你也许需要调整自己的偏好，以得到你想要的结果。
- 有爱心。
- 要公平。

在安全、爱和尊重的氛围中，你们就非常有可能找到双赢的办法。你会发现，想让孩子改善行为并不难，孩子需要的就是感到自己被倾听；你也会发现，开诚布公的交流能帮助你更好地理解孩子的想法、需求和感受，这最终会让你更好地选择有效的育儿策略并继续前进。

第29章 解决问题

问题解决 6 步法

（1）交流孩子的感受和需求，对孩子有同理心，允许孩子遵从或者反对。

（2）用非指责的方式交流你的感受和需求。

（3）一起进行头脑风暴，对问题提供尽可能多的解决办法。

（4）写下所有主意，不要评价它们。

（5）一起决定哪个办法你们都喜欢，你们都适应，都能准备好实施。

（6）必要的时候签署协议。

示例

你 12 岁的儿子弗雷德喜欢在周六晚上和朋友去看电影。你同意在晚上 10 点去接他，但是当你准时到达约定的地点时，他不在那里。现在你不得不停下车，走一段路进去找他。当你找到他的时候，他闷闷不乐，不情愿地跟着你出来。你感到疲惫不堪，非常生气。

在接下来的那个周五，弗雷德再次问你，他是不是可以周六晚上去看电影，你是不是可以在半夜去接他。这是提起上周六晚上发生的事情以及守时重要性的理想时刻。

你可以邀请弗雷德到客厅来交流。关上门，手里拿上纸和笔，以这种交谈的方式传递给弗雷德的信息是：这次"会面"很重要。

第一步：

先表达你理解弗雷德的感受和观点，带着同理心说："弗雷德，我一直在考虑，当你们正在一起玩的时候，要你离开你的朋友们可能不那么容易。"允许弗雷德认可或者否认你的陈述，仔细地倾听他的感受和想法。

第二步：

当弗雷德把所有的心里话都说出来后（在这之前不要做），用非指责的方式谈谈你自己的感受和需求："我担心半夜你还在商场闲逛对你不安全。还有，在晚上11点之后我感到很累。"

第三步：

一起头脑风暴："让我们集思广益，想出适合我们双方的一些解决方案。请告诉我你想到的任何主意，不管你认为这个主意有多傻，我也会说出我想到的主意。我答应不会嘲笑你，你也不要嘲笑我。"

第四步：

写下所有你们想到的主意，不要评价它们。写下来是很重要的，因为这就增加了讨论的分量，可以帮助你记住每个细节，从而制造一个减压阀门，让愤怒的情绪被释放。例如，你可以这样写：（a）弗雷德想在商场待到半夜然后走回家；（b）弗雷德想看完电影后去朋友家过夜，然后第二天回家；（c）我想最迟晚上10点去接弗雷德；（d）即使弗雷德在朋友家过夜，我也想知道他多晚离开商场，他是怎么到达朋友家的。

第五步：

一起决定你们双方都喜欢的建议，为实施做准备。划掉无效的表达："我不想让你走回家""你觉得晚上10点钟太早了，可我不喜欢在商场里面到处找你""你不想在电影结束后直接匆忙地回家"。

利用保留下来的建议，然后想出一个你们都喜欢的计划，"我在晚上11点去接你，但是你必须在商场入口处等我，怎么样？"一旦你们两个都同意这个计划，那么就遵守它，把它写在一张纸上作为契约，不失为一个好主意。

第六步：

写下契约。写下契约不仅能证明你和孩子对于决定要做的事情是认真的，而且书写的承诺也有利于贯彻执行。当你和孩子一方或者双方都可能忘记对彼此的承诺时，契约就很有必要了。有了契约，你们也不必重复返回去再讨论，你要对孩子说的只是"检查一下契约，看看你应该做什么"，让孩子认识到错误并改正。

弗雷德的契约上可能是这样写的：

———————————

承诺：我会在约定的时间前到达商场入口处等待。

方法：我会在手表上定好闹钟，闹钟会在商量好的时间前 10 分钟响起。

签名：　　　　日期：

你的契约上可能是这样写的：

———————————

承诺：我会在晚上 11 点去接弗雷德，而不是 11 点之前。

方法：我会在晚饭后休息一会儿，这样我就不会太累了。

签名：　　　　日期：

契约内容必须是简单、具体、可实现的。如果契约变得很难继续坚持执行，就要重新协商一个契约。

6. 询问自己是否需要专业的帮助

有时候我会推荐专业的帮助，从他人那里获得方法或者建议不是什么丢脸的事。养育孩子是复杂而令人精疲力尽的事，某些时候我们的确需要他人帮助。当你找到有智慧的咨询师时，你的感觉是多么放松啊。

这就是为什么如今育儿论坛和父母团体活动这么受欢迎的原因。有时候你只和朋友以及其他父母交流是不够的，你需要专业的、有针对性的解决办法。

我的经验法则是"四个星期"。如果你尝试一个新策略，比如本书建议的其中一个方法，在四个星期内没有看到进展，你就需要更深入地思考并寻求改变。

孩子有老师或者照料者吗？就从那里开始。听取他们对孩子的行为的看法，以及与其他孩子比较是怎样的。要开放地接纳老师的建议并实施它们。

下一个咨询对象是你的全科医生。如果他们认为孩子有问题，就会指引你去找相关专家。专家就是那些经过多年相关培训的人，每天都处理类似问题。

- 儿科职业治疗师能评估和治疗一般的运动技能、工具使用、书写、桌面活动和学校准备、自我照顾技能、游戏技能、视觉感知和感觉加工等方面的问题。
- 儿科理疗师能评估和治疗影响身体发展、运动能力和日常活动能力的疾病。
- 儿科语言病理学家能评估和治疗在交流和喂养方面有困难的孩子。
- 儿科医生能治疗一般的健康问题。
- 发展行为儿科医生能诊断和治疗孩子发展、学习和行为问题。
- 儿童和青少年精神科医生能评估和治疗有情绪和行为问题的孩子。

- 儿童和青少年心理学家能评估和治疗有情绪、行为和社会问题的孩子。
- 教育心理学家能通过对智商、神经系统功能、计算能力和读写能力的详细评估来鉴别和阐明孩子跟教育相关的问题。
- 儿科饮食和营养学家能处理孩子喂养和体重管理方面的问题。

佩茜在接球方面有困难。她的父亲给她报了网球课程，教练向他们保证这样就能解决这个问题。一年后，佩茜不但没有进步，反而对自己感觉更糟糕了，因为随着年龄的增长，她的困难变得更加突出了。

全科医生给佩茜引荐了一位职业治疗师，他诊断佩茜手眼协调能力差，对她进行了6个月的专业治疗，使佩茜在这方面逐渐有所改善。

贾斯汀在学校和家里都爱爬墙。朋友们和家人都说他"充满活力"，是一个"活跃的男孩"。他的老师们希望贾斯汀做一次评估，因为他们能看出来，他与班上其他"活跃的男孩"不一样。贾斯汀的父母不希望给儿子贴标签，不想让他感觉糟糕，所以他们没去做评估。

随着贾斯汀年龄的增长，他的行为变得越来越不可控。最终他父母再也不能回避这个问题了。他们让擅长测试活跃儿童的儿科医生对贾斯汀进行了评估，他被诊断为注意缺陷障碍（ADHD）。之后贾斯汀进行了药物治疗，在一周后他的行为和注意力都有所改善。他的父母后悔自己没有早一点听从建议。

根据老师的看法，兰迪对人不礼貌、不尊重，他在课堂上没精打采，甚至敢把脚放在课桌上。但他的父母却认为兰迪是一个温和的、温柔的孩子。于是父母去寻找另一个解释。一个理疗师对兰迪进行了评估，发现兰迪肌肉缺乏收缩性。他不能安坐超过10分钟。兰迪有必要进行理疗，用几年时间来改善他的肌肉问题。

萨沙爱闹脾气。在4岁的时候，她大发脾气，她的父母尝试了各种方法如忽略、拥抱、大吼、乞求、贿赂——哪种方法都没有用。她仍然没有改善。后来萨沙被发现是自闭症，这就解释了她闹脾气的原因。在实施了6个月密集的行为治疗（ABA）后，她的行为发生了很大的改变。

奥托没有睡过整宿觉，他每天晚上每小时都会醒来一次。当儿科的耳鼻喉医生检查之后，发现奥托由于过敏反应和鼻炎而呼吸困难。他睡着之后，鼻子就会堵塞，不能呼吸，于是他就会醒过来。医生用一只鼻喷剂就解决了问题。

尝试一下

想象一下，你戴上一副精确的有放大镜片的新眼镜，可以从一个完全不同的视角看待你的孩子：他们不再是需要纠正、约束和惩罚的小怪兽。你现在理解了他们在为一些事情而挣扎，你需要和他们一起来解决难题。当你放弃愤怒和胁迫，并尝试合作和解决问题时，你的整个身体都放松了。在一个充满支持和尊重的氛围里，你会看到孩子在生机勃勃地成长。当你使用有益健康的方法来养育你的孩子时，就能拥有一个平静的环境。

第 30 章
我对你的承诺

Chapter Thirty

我向你保证，如果每次你开始愤怒的时候就使用本书中提到的建议，你就会逐渐提高管理愤怒的能力，你也会立刻对自己的成长和改变感到高兴。

成功故事 1

雷切尔是一个乐观的、精力充沛的年轻妈妈，有两个孩子，4 岁的伊万和 2 岁的艾德里安。她发现自己的两个男孩难以控制，导致自己每天都感到像跑马拉松那样耗时费力。她告诉我她总是在大吼大叫。"不要碰""去睡觉""安静地坐着""好好吃饭"，这些都是她常说的话。大部分时候孩子们都不听话，她就会更大声地吼叫，用拳头敲打桌子，有时候甚至威胁要伤害他们。她很担心她甚至可能已经对他们的身体造成了伤害。

一旦雷切尔意识到自己的愤怒在加剧，认识到她能够选择不同的回应方式，她就非常认真地分析了自己的思维过程。她识别出自己的愤怒主要是因为感觉自己许多时间"受困"在家里，希望自己能在锻炼身体上有更多的时间。她也意识到，她之前认为孩子们是故意不听话让她难过。但是在问了周围的人之后，她很快发现，孩子们的行为是符合年龄阶段的，是完全正常的。

带着这些新的洞察，雷切尔就能够在生活方式上进行改变。首先，这位年轻的妈妈计划每周抽时间去锻炼。在锻炼后，她感觉情绪好多了，能表现出更大的耐心了。当她感到自己又一次快要失去耐心的时候，她就大声说："我选择用一种明智的方式来回应，这会让我的孩子们获益。"通过这样的方式，她就在保持冷静和理智方面做出了很好的示范。

在接下来的日子里，她会更多地思考自己的选择，比如用平静的声音讲话，坚定地说出她想要什么。她会把注意力放在积极的事情上，做出一些有帮助的评论："我注意到当我给你梳头的时候你安静地坐着。"她还创造了一个游戏："让我们用蔬菜制作一个脸，然后我们可以狼吞虎咽地吃掉眼睛和鼻子。"当艾德里安去碰玻璃的时候，她就用玩具分散他的注意力。在睡觉时间，她给孩子们唱安抚摇篮曲。

雷切尔坚持并成功地执行了她新的选择。毋庸置疑，在雷切尔的努力下，她和家人感到快乐多了。孩子们仍然是难以控制的，还是需要很多的监督和照顾，但雷切尔感觉轻松了很多。如果用吼叫的方式雷切尔很难实现这一切。

成功故事2

迈卡有些恨自己，因为女儿激怒他后，他意识到自己对女儿尖刻讽刺地讲话，他不喜欢自己这样。他认为女儿被宠坏了，需要多，要求高，有时候他希望女儿能不一样，这样他就不会恼怒了。既然现在他明白是他让自己愤怒的，那么他希望能有所改变，他想要一个平和的家，和女儿建立良好的关系。

第30章 我对你的承诺

迈卡选择成为一个更平静的人。他每天练习冥想，把注意力集中在对女儿的爱的感觉上，感受对女儿出现在生命中的那份感激。当他感到自己要被激怒时，他就会想象她将来也许会在国外生活，眼泪就会充满他的双眼，他是如此感激女儿出现在他的生命中。

迈卡更喜欢行为工具而不是思维工具，他喜欢假装他在扮演一个平静的、有帮助的父亲。随着时间的推移，迈卡的愤怒消散了，当他能够欣赏女儿时，父女关系更加亲密了。

迈卡担心他以前的恼怒让女儿感到自己不讨人喜欢，于是通过实施提升自尊的策略，他有意识地努力去构建女儿的自我价值感。他始终表现出对女儿的关爱，发现女儿变得更快乐，更有合作精神，对别人更友好了。

成功故事3

鲍里斯工作时间很长，目前还不能改变自己的生活方式。但是，现在他意识到他能改变态度和行为，并努力这样去做。每天晚上当他开车下班回家时，他会在车里花15分钟听听古典音乐，让自己完全放松；他想象自己的孩子们，他们已经等他回家等了一整天，很想念他；他想起那些和他们在一起的快乐时光，爱就充满了他的心间。

带着平静和爱意，鲍里斯现在一走进家门就"进入状态"，给家人爱和乐趣。孩子们都跳到他身上，他不再变得生气，而是拥抱他们，直到他们都满足为止。现在他知道他们的行为是符合年龄阶段的，这就是他们表达爱的方式——他为此感到很感激！他努力尽自己所能去照顾孩子们的需要，因为他知道他经常缺席，不在他们身边。每次当他生气时，他就提醒自己，他不会对一个苛刻的顾客做出这种反应。然后他的行为就好像在工作中一样，保证孩子们得到同样程度的尊重和理智。

鲍里斯也从工作中汲取了其他技巧。他通过榜样示范，清晰的沟通与尊重来地对待孩子。他注意到，孩子们现在不那么黏人了，对他更体贴了，而他也积极强化了孩子的表现。

鲍里斯在脑海深处，希望能改变自己的生活方式，这样就能更好地保持工作和生活平衡，不过现在他的解决办法对他和孩子们已经很有效果了。

结论

你也可以成为一个成功故事的主人公！记住：正如你的孩子几乎可以肯定是在正常范围内一样，在改变的潜力方面，你也会落入正常范围内。使用我教你的工具，去练习，练习，再练习。请把你的故事发送给我，我非常愿意听到你的成功故事。你可以发送到我的邮箱 info@ anxietysolutionscbt. com。

1. 为了支持你作为父母的成长，我有一些资源和赠品给你，你可以在 http：//anxietysolutionscbt. com/bonuses/ 这个网站上找到。

2. 要寻找全面的育儿培训，我可以提供一个为期六周的持续的育儿课程：http：//reneemill. com/workshops/parenting-young-children/

3. 当然，如果你愿意与我进行一对一的交流，可以发邮件联系我，邮箱地址：info@ anxietysolutionscbt. com。

我期盼收到你的来信，祝你好运！

Passing on
your
wisdom

第八部分
传递你的智慧

第31章
教会孩子管理愤怒

Chapter Thirty-one

父母常常问我如何教孩子控制脾气。我问他们:"你会愤怒吗?你能控制自己的愤怒吗?"他们最经常的回答是:"不能,这就是为什么我希望孩子从小就学会这种能力的原因。"

不知为什么,父母认为孩子生活在真空中,能与父母和父母的行为习惯隔绝——这不是真的。孩子不仅与父母亲密地生活在一起,还在时刻吸收父母的每个行为并模仿它。告诉孩子"按我说的去做,但不要按我做的去做"是不会有效的!

你不是第一个希望有一本手册来教孩子如何管理愤怒的父母,或者期待有一本教科书很容易就治疗孩子愤怒的父母。事实是,管理愤怒不能作为一门学术课程被教授。如果父母自己不实践这些原则,也是无法教授它的。

一个简单的事实是:如果你希望教孩子如何管理愤怒情绪,你就需要带头处理好自己的愤怒问题。你也许做不到完全不愤怒,但你需要珍视平静和理智的价值,致力于"身体力行"。

简单来说,教孩子最有效的工具就是以身示范什么是平静,以及控制你自己的愤怒。

以身示范的力量

教育孩子最好的方式就是以身示范你所期待的行为。这对所有行为都适用，同样适用于教孩子控制愤怒。当孩子看到父母持续做一个行为时，他们最终也会把这个行为变成自己的行为。当你一直学习如何控制你的愤怒情绪时，你就会为孩子打开一条通道，让他作为孩子和未来的成人学会管理自己的愤怒。

行为主义心理学研究已经表明，一个人解决问题的最好机会就是目睹另一个人解决同样的问题。有一项研究是针对患有蜘蛛恐惧症人群的，被试被分为三组。第一组被试观察 A 走到蜘蛛跟前和它玩耍。第二组被试观察 B 远远地看着一只蜘蛛，吓得冒了一身冷汗。然后过了一会儿，B 慢慢地靠近这只蜘蛛，不时地停下来深呼吸，放松，说一些积极的话语。一个小时之后，B 能够站到蜘蛛跟前并保持平静。第三组被试，作为对照组，没有观察任何人对蜘蛛的反应。

后来，作为治疗的一部分，被试要靠近蜘蛛。第二组被试应对得最好，因为他们已经观察到 B 克服了跟他们同样的恐惧症；第一组被试不能将看到的行为和自己产生关联，或者从 A 那里学到什么，因为很明显 A 在蜘蛛旁边很放松；第三组被试没有榜样可以效仿——没有任何改变。

当你寻找教孩子如何控制愤怒的方法时，同样的原则也适用。你与愤怒持续的斗争将会成为激励和教育孩子如何变得更好的工具。这也许能让你放松一些，因为这意味着你不必在任何时刻都保持平静，也不必完全掌握控制愤怒的艺术，所有你需要展示给孩子的就是你重视平静的价值，希望通过练习这些工具来实现它。

和孩子分享你的感受——在一定程度上

当你在孩子面前示范行为时,重要的是不要让你的情绪压倒孩子。这个示范行为要求你在两个角色之间转换。一种是作为应付自如的成年人,要让孩子有安全感;另一种是努力改善自己行为的愤怒者。平衡两个角色的方法是谨慎地暴露自己的情绪,心中要时刻记着孩子的身心健康,孩子是关注点,你的分享要对他们有好处。在任何时候,你都是掌控局面的一方。

让我用悲伤这种情绪来举例说明。比如你丢了工作,感觉要崩溃了。你觉得自己的生活完了,看不到前方有任何出路。孩子爬到你的膝盖上,看到你在哭泣。你不需要隐藏你在哭泣的事实,和孩子分享这个时刻的感受没有坏处。你可以哭泣,可以感到悲伤。如果孩子问你,你可以说:"今天我非常难过,因为我丢了工作。这是一个大问题,但不要担心,我会解决的。"

你不能告诉孩子"我们的生活完了""我们可能要挨饿了",或者"我想我会逃离,再也不会回来",这些话对孩子来说就是一场灾难!也就是说,和孩子分享你的悲伤是恰当的,但过多地让孩子承受问题是不合适的。

同样,在控制愤怒情绪时,把你生气的事实告诉孩子是恰当的。但是,请不要说"我感到暴怒,真想杀了你妈妈""这都是你的错。如果你表现好一点的话,我就不会这么生气",或者"当我生气的时候,我很讨厌自己"。相反,你要承认自己生气了,让孩子感到生气是在你的掌控之下的,可以这样说:"孩子们,我认识到我愤怒了,我知道我需要解决这个问题。我将会学习更好地应对它,不发脾气。"

有些父母担心跟孩子分享情绪会让孩子感到难过。他们认为抑制情绪或者假装自己高兴将会帮助孩子感到更安全。我的经验告诉我，事实正好相反。当父母压抑情绪时，孩子能捕捉到什么地方出问题了，他们会有更多的担心。为什么？因为孩子会认为，如果爸爸妈妈感受到的痛苦这么严重，以至于他们需要把它隐藏起来，那么问题一定很严重——一定发生了真正令人担心的问题。

然而，如果一种感受被承认了，这种感受就不会那么让人害怕了。而且，当孩子感到什么地方不对劲，父母却否认它时，会让孩子感到困惑。但是当父母承认它的时候，就提供了一致性。孩子就会知道他所感受到的是有效的、真实的。另外，当父母分享感受时，就是在信任孩子的应对能力，这能帮孩子建立掌控感和自尊。

前面已经说过，我再重复一遍：你跟孩子分享情绪的方式必须让孩子感到安全，让他们感到你能保护他们的安全。不应该让孩子感到，你无法应对生活，需要他们的帮助。所以，如果你真的不能应对，就去寻求专业的帮助或家庭支持。

在孩子面前用语言表达你的感受

这很简单。只要告诉孩子你发生了什么事，但要轻描淡写地说出这些情绪，而不是用灾难性的语言表达出来。

比如，有一天你可能会这样说："我意识到我正在大吼，我不想大吼，所以我计划出去跑步，当我回来时，我们再处理这些麻烦事吧。"还有一天你可能会说："你弄坏了我的钢笔，我感到非常生气。从前我会在生气的驱使下弄坏一个你的玩具，但今天我会选择原谅。让我安静地在这里坐一会儿，把注意力集中在内心感受上，让原谅进来。"在另外一种情况下，你可能在房间里跺脚，突然觉得饿了，这时你开始烦躁不安，你不是随便吃点东西，而是说："哦，我的天啊，我刚刚意识到我一整天都没有吃东西了。现在我要吃一顿健康的美食，这能让我放松下来。从今以后我每天都要定闹钟提醒自己按时吃饭。"

换句话说，你将会使用自己从本书中学到的工具，你将允许孩子观察你的挣扎和成长。虽然你的主要目的是让孩子获益，但知道他们在观察并且学习的另一个好处就是这会激励你表现得平静。

总结一下，以身示范是指身体力行。也就是说，做你希望孩子去做的事情。它还包括说出你的思维过程，描述你提议的过程和策略，这样孩子就能通过你的示范学会这种方法。

最后，如果你真诚地希望帮助孩子，就返回到本书的第一页，坚持采纳你学会的所有方法，每天亲自练习、掌握控制愤怒的艺术。然后，除了以身示范你期待的行为，你还要用适合孩子的方法教给孩子每一章所列出的方法。

记住，时机是成败的关键——所以在孩子平静的时候去教他们，而不是在愤怒的时候教。做个成年人，看着你和孩子过上更平静、更自由的生活。

什么是无效的

让我告诉你什么对孩子来说不管用。首先，教训孩子是没有用的，尤其是当孩子正处在愤怒中的时候。也许你能够详细地向孩子解释为什么愤怒是不可接受的，但是他的行为不会随之改变。为什么？因为你对他的行为的沮丧感凌驾于一切之上，让孩子无所适从，所有你给出的信息在这一刻会全部归零。

"淘气角""隔离反省"，或者剥夺特权都是常见的一般都会失败的惩罚手段。为什么？因为惩罚一般不能教会孩子如何进行不同的思考、行动或者感受。而与孩子协同工作，获得他们的合作，效果会好得多。

那么"因为你生气，所以我生气"的方法怎么样呢？灾难！实际上，如果不是严重的问题，这将会是可笑的。想象一下这个场景：你在大声吼叫"为什么你认为愤怒是解决问题的方法呢？"显而易见的答案是"因为你教会了我这样"（只有无所畏惧的、鲁莽的小淘气胆敢提出）。你自己变得愤怒不仅对于促进改变完全无效，而且还有可能加剧和延续愤怒的循环。孩子不会学到如何变成一个更好的人，而是学会了"最生气的那个人就赢了"。

不言而喻，打孩子或者其他任何形式的体罚都不能教会孩子更好地应对状况。相反，打孩子的行为表明，因为你处在更强势的位置，暴力是可以接受的。当你打孩子时，就向孩子展示了年龄最大的、最强壮的、最有权力的人（在这种情况下，是你）即使攻击别人也不会受到惩罚。孩子会从中学习到，当他们掌握权力时，就轮到他们来攻击别人了。

父母能够做什么

父母能够做许多事情，越早开始对孩子做就越好。任何人在任何年龄都能学会和教会孩子控制愤怒，所以不要沮丧。

首先，要知道你必须一开始就付出努力。孩子们不会主动进行心理上的成长，但随着年龄增长，他们会将你教的东西内化于心。然而，最困难的地方在于接受这一现实，即你的行为才是成功的关键，在教孩子的同时你也必须在自己身上下功夫。

从根本上来讲，对孩子有效的方法与对成人有效的方法是相同的，但是需要用符合年龄阶段的方式，以不同的顺序来使用。既然你面对的是孩子，就要确保你的期待对孩子来说是现实的。

就像你一样，当孩子饿了累了的时候，他们也更容易被激惹，更敏感。所以要确保孩子过上平衡的生活，让他们在身体、情感、精神、社交和智力上得到照顾和滋养。如果孩子睡眠严重不足，教孩子管理愤怒的策略就没有任何意义，孩子需要的是睡眠，如果得到充足的睡眠是一个问题，那么就去寻求专业的帮助。孩子每晚需要 9~12 个小时的睡眠。

同样，虽然麻烦，但孩子需要有规律的健康饮食。在一天里吃点小点心会让人有好心情，我极力推荐切好的水果和蔬菜。把这些东西放在手边，在孩子暴躁的时候给他们一些。有时候一个苹果就能让孩子镇静下来。

管理愤怒的工具

1. 识别出你在变得愤怒

在一个平静的时刻，向孩子说明愤怒会有哪些表现，包括：

- 涨红的脸
- 握紧的拳头
- 跺脚
- 踢人
- 吼叫/大喊大叫
- 伤害自己或他人
- 损坏东西

向孩子解释，愤怒是一种感受，需要识别出来。我们最初的愤怒反应会演变成暴怒和怨恨。我们需要学习管理愤怒的情绪，不让它转变成敌意和强烈的怨恨，结果伤害了他人、我们的财物甚至我们自己。

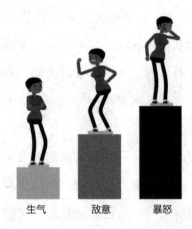

生气　敌意　暴怒

告诉孩子，当他们意识到愤怒升起时，可以使用一些策略来防止愤怒转变成敌意。

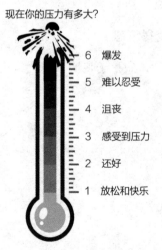

现在你的压力有多大？
6 爆发
5 难以忍受
4 沮丧
3 感受到压力
2 还好
1 放松和快乐

告诉孩子，在他们进入难以忍受的阶段前，需要冷静下来，下面这些工具能帮助他们做到，此外，你会提供帮助。每当你看到孩子愤怒开始升起时，你就要温和地提醒孩子，该采取行动来防止愤怒升级了。

第 31 章　教会孩子管理愤怒

杰里米是一个聪明的 5 岁男孩，他的情绪从放松到难以忍受只需要 5 秒钟。他的妈妈和杰里米决定一起想出一个词语来提醒杰里米选择一个策略冷静下来。这个词语就是"做个好的选择"。每当杰里米的妈妈注意到他脸涨得通红时，她就会说"做个好的选择"，杰里米就会及时停下来，使用一个工具来让自己冷静下来。

玛蒂娜不喜欢爸爸给她讲道理。但她不介意爸爸碰一下她的肩膀来提醒她，该停止愤怒并冷静下来了。

亲爱的爸爸妈妈，对 4 岁以下的孩子，你们需要保持警觉，注意那些愤怒升起的症状。必要的时候，进行干预并教会孩子使用下文中的工具，这是你的责任。

2. 慢下来

下一次当孩子开始卷入愤怒的时候，你可以温和地提醒他们慢下来。建议他们慢慢地走路，安静地讲话，有意识地去呼吸。你可以把慢下来转变成一个游戏，对于幼儿来说这个方法尤其有效。

3. 做个"乌龟"

"做乌龟"的方法效果非常好，因为它能阻断所有外来的刺激，使得大脑停止斗争。孩子需要做的就是坐在桌子旁边，把他们的脑袋埋在胳膊里。

大一点的孩子只需要一个提醒："黑兹尔，现在是使用乌龟方法的好时机。"对于小一点的孩子，你需要在那时候展示一下如何做乌龟。如果几个孩子在打架，就让所有人都变成乌龟。这会神奇地把负面能量转化成平静的（有时是愉快的）时刻。

4. 分散注意力

分散注意力在阻止愤怒升级方面真的很有效果。下次当你注意到孩子开始心烦意乱时，就可以用一个有趣的故事、游戏或者短视频来分散他们的注意力。不需要讲道理或者解释。

对大一点的孩子，你可以向他们解释分散注意力的好处，这样当他们感到有情绪时，就能自行转到一个不同的行为。下次当你看到大一点的孩子或者青少年快要发怒时，可以说些类似这样的话："弗雷德，何不在YouTube视频网站上查一查那个新的喜剧演员呢？"

5. 冷静下来

下面是一些简洁快速的方法，可以帮助孩子冷静下来，停止愤怒。对幼儿来说，只要示范如何做就可以：

- 往脸上泼冷水
- 跳上跳下
- 用两只拳头顶着墙
- 击打沙袋或者枕头
- 跑步
- 吃泡菜
- 玩沙子或水

对大一点的孩子和青少年，你会发现有其他一些方法也会有用：

- 从1数到10
- 暂停时刻
- 深呼吸

- 放松
- 冥想
- 和密友聊天
- 大笑

对大一点的孩子，在他们平静的时候向他们推荐这些方法，并强调任何时候他们感到沮丧时，都可以使用这些方法。

6. 停下来，想一想，再行动

就像第 1 章所讨论的那样，愤怒是具有破坏性的，会阻碍问题得到建设性的解决。重要的是让孩子明白愤怒是不好的。但是，同样重要的是让孩子知道愤怒是正当的，如果必要的话要把引发愤怒的原因表达出来。换句话说，你不是要阻止孩子发怒，而是要教会孩子应对问题的更健康的方法。

"停下来，想一想，再行动"的方法对孩子来说非常好（这不是我的发明，因为我没有找到这个概念的原始出处，所以在这里要表达一下感谢。它似乎已经变成了教育者的一个共识，我带着感激之心使用它，也把它分享给你）。

交通信号灯能帮助我们"停下来，想一想，再行动"

红灯：停下来，冷静。

黄灯：想一想，什么是最好的解决办法。

绿灯：行动，采取建设性的行为。

当孩子 4 岁或者大一点的时候，和孩子一起画出信号灯图是一项有趣的活动。向孩子解释，三种颜色就是这个过程中的三个步骤。当孩子感到愤怒涌起时，他们可以注意到愤怒，停下来，并使用你教过的工具冷静下来。

一旦平静地好好解决问题成为可能，黄色就是孩子能够思考的区域。他们可以想一想发生了什么让他们难过，他们希望做些什么，解决问题的最好方法是什么。

当找到向前推进的建设性方法时，就可以采取行动。去做那些需要做的事情，看看会出现什么好的结果吧。

阿瓦隆总是被她18个月大的妹妹惹怒，因为妹妹经常破坏她的积木作品。当这样的事情发生时，阿瓦隆就会大声尖叫着打她的妹妹，并哭着跑到妈妈那里。妈妈的反应总是批评阿瓦隆不应该打妹妹，而阿瓦隆最初的愤怒还是没有得到处理。

当阿瓦隆学会"停下来，想一想，再行动"的方法后，她就离开乱糟糟的现场，往自己的脸上泼凉水，直到自己冷静下来。她弄清楚了她最想要的是妈妈理解她有多么难过并帮助她。所以，她走到妈妈跟前平静地说："妈妈，请过来看看发生了什么。"妈妈确实去看了，并允许阿瓦隆关上自己的卧室门，这样就没有人能打扰她摆积木了。问题就这样解决了！

诺亚感到自己被哥哥忽略了。他会哭着试图强制加入哥哥的游戏，这有用吗？没用，这只会使得情况更糟糕。当诺亚使用"停下来，想一想，再行动"的方法时，他注意到当他开始想哭，感到心烦意乱时，他就跳到蹦床上直到自己冷静下来，然后再去找哥哥。他用一种成熟的语气问哥哥，他是不是可以加入游戏，他的愿望达成了。

你可以和孩子一起画一张大的交通信号灯图，把它挂在厨房或者房间里大家都可以看见的地方，作为一个持续的提示，这不失为一个好主意。

7. 为成长的漫漫长路做好准备

跟你不同，孩子需要很多年才能掌握管理愤怒的技能，需要你给予很多提醒和强化。这是因为孩子仍然在发展中——神经科学研究表明，控制冲动的神经系统一般在 25 岁左右才能成熟。这就意味着，作为父母，你需要付出许多耐心、坚持和重复，最终你会发现长远的、持续的结果。

8. 孩子很难表达自己

相比成人，孩子的语言表达能力还没有完全发展起来，不能充分表达他们的感受。实际上，孩子越小，表达自己的感受就越困难，所以就用"发脾气"来表现。1 岁的孩子会愤怒地尖叫，但没有办法告诉你是什么让他心烦意乱，你必须去猜测；2 岁的孩子也会发脾气，但可能会指着一块巧克力叫"巧克力"，拉着你的衬衫向某个方向走去；3 岁的孩子能够用语言说出他们想要什么，但通常是你不理解的方式。比如，他们可能会说："我想要一块巧克力。"当你把巧克力给他们的时候，他们还是会发脾气，因为他们想要去掉包装纸的巧克力！

每个孩子发展语言能力的节奏都不同，但是一般来说，孩子在大约 5 岁的时候能够充分表达自己的需求和愿望。所以，当你鼓励孩子用语言说出他们想要的东西，而不是拽着你的衬衫时，你应该现实一点，他们在大约 5 岁时才能开始做好这件事。因此教会小孩子采用行为策略来征服愤怒对他们来说更有益，因为他们还不能用语言清晰地表达他们想要什么。

9. 重要的是，既要防止愤怒升级，也要包容愤怒

不要就事论事，你要有更大的度量。孩子会用强烈的方式表达他

们的情绪，并不意味着你必须对他们的过分行为做出过激反应。比如，当孩子没有得到巧克力的时候，如果他们不停地抱怨，就好像到了世界尽头一样，你不应该感到要被迫跳进"修理"模式，好像这件事就是灾难似的。相反，当事情发生的时候，如果你能评估那种情况，将会更有帮助。评估孩子的反应是不是恰当，然后决定你要如何回应，你想要教会孩子什么。你保持平静、理智，"包容"孩子的愤怒，这对于你教孩子管理愤怒是很重要的。

最近的研究表明，我们的大脑是具有社会性的，这意味着一个人脑海中发生的情况会影响另一个人的大脑对这种情况的反应。当然，亲爱的爸爸妈妈，这就意味着，如果你保持平静，就会鼓励孩子的大脑也保持平静。

> ☺ **尝试一下**
>
> 当你认真地对待管理愤怒这件事时，就去练习那些工具，并正确示范它们，教给孩子符合他们年龄的工具。专注地做一个能容纳强烈情绪的平静的容器，你就能够培养出平静、快乐、高效的孩子。

参考文献

1. Adahan, M., EMETT: A *step by step guide to emotional maturity established through Torah*, Feldheim Publishers, 1987
2. Adahan, M., *Raising children to care: A Jewish guide to childrearing*, Feldheim Publishers, 1988
3. Borba, M., *Nobody likes me, everybody hates me*, Jossey-Bass, 2005
4. Boteach, S., *10 conversations you need to have with your children*, William Morrow, 2006
5. Chapman, R., & Campbell, R., *The 5 love languages of children: The secret to loving children effectively*, Northfield Publishing, 1997
6. Covey, S. R., *Principle-centered leadership*, Simon & Schuster, 1992
7. Covey, S. R., *The seven habits of highly effective people*, Simon & Schuster, 1993
8. Deci, E. L., & Ryan, R. M., "The 'what' and 'why' of goal pursuits: Human needs and the self-determination of behaviour", *Psychological Inquiry*, Volume 11, 227-268, 2000
9. Doidge, N., *The brain that changes itself: Stories of personal triumph from the frontiers of brain science*, Penguin Group, 2007
10. Faber, A., & Mazlish, E., *Liberated parents, liberated children: Your guide to a happier family*, Avon Books, 1975
11. Faber, A., & Mazlish, E., *Siblings without rivalry*, Avon Books, 1988
12. Frankl, V. E., *Man's search for meaning*, Beacon Press, 1959
13. Ginott, H. G., *Between parent and child*, Macmillan, 1956
14. Goleman, D., *Emotional intelligence*, Bantam, 1995
15. Goleman, D., Boyatzis, R., & McKee, A., *The new leaders: Transforming the art of leadership into the science of results*, Little, Brown, 2002
16. Goleman, D., *Working with emotional intelligence*, Bloomsbury, 1998

17. Greene, R. W., *Raising human beings: Creating a collaborative partnership with your child*, Scribner, 2016
18. Jungreis-Wolff, S., *Raising a child with soul: How time-tested Jewish wisdom can shape your child's character*, St Martin's Griffin, 2009
19. Mogel, W., *The blessing of a skinned knee: Using Jewish teachings to raise self-reliant children*, Scribner, 2001
20. Rossouw, P., *Focused neuropsychotherapy training manual*, Mediros Clinical Solutions, Mediros Pty Ltd, 2012
21. Rossouw, P., & Henson, C., *Brainwise leadership*, Learning Quest, 2013
22. Seligman, M. E. P., *Authentic happiness: Using the New Positive Psychology to Realize Your Potential for Lasting Fulfillment*, The Free Press, 2002
23. Seligman, M. E. P., *What you can change and what you can't: The complete guide to successful self-improvement*, Fawcett Columbine, 1993
24. Winnicott, D. W., *The child, the Family, and the outside world*, Pelican, 1964
25. These apps come from reputable sources and can be downloaded on any smart phone:
    - Smiling mind: Meditation made easy
    - I can be free: Relax, remove fear and anxiety
    - Digipill: Sleep, relaxation and mindfulness
    - Mindfulness: The art of being
    - I can be calm
    - The now: Mindful living
    - End anxiety: Free guided meditation and relaxation program
    - 7 cups of tea: Free anxiety relief, depression help, therapy and counseling
26. The Black Dog Institute: www.blackdoginstitute.org.au
27. Black Dog Institute, "Dealing with Anger and Impulsivity", 2017, retrieved from https://www.blackdoginstitute.org.au/docs/defaultsource/psychological-toolkit/9-anger-dealing-with-anger-and-impulsivity.pdf
28. Lives in the Balance: http://www.livesinthebalance.org/